용龍과 봉鳳이 있는 풍경

용과 봉이 있는 풍경

초판 1쇄 발행 : 2014년 3월 31일

지 은 이 : 이경식(혜화)
펴 낸 이 : 김영식
펴 낸 곳 : 원불교출판사

등록번호 1967. 7.1(제7호)

전북 익산시 신용동 344-2
063) 854-0784

용龍과 봉鳳이 있는 풍경

이경식 (혜화)

〈자서自序〉

보은 잔치로의 초대

　미국의 유명한 영화배우 리처드 기어(Richard Tiffany Gere)는 달라이 라마를 추종하는 불자로도 잘 알려져 있는데 어느 날 그가 티브이에서 이렇게 말하는 것을 들었다. "30년 동안 공空을 공부했으나 아직도 잘 모르겠다. 내가 불교 신앙에 빠져든 것은 불교의 진리를 알아서보다는 달라이 라마의 자비스런 모습에 감동해서다." 그렇다. 사람만 믿지 말고 그 법을 믿으라(솔성요론1)고는 하지만, 범부중생의 신심 내지 공부심은 스승을 보면서 나온다. 사람을 통해 구현되지 않은 법이라면 감동이 없고, 감동이 없는 법을 누가 신앙할 것인가. 수행에 있어서도 스승은 글씨 배우는 사람에게 체본과 같은 존재이다.

　내가 입교한 것이 원기48년(1963)이니 이미 원불교 역사의 과반을 함께하였다. 언제 한 번, 애들 말처럼 '빡세게' 수행을 해본 적도 없이 세월만 축낸 것이 부끄럽지만, 그래도 그 동안 여러 스승님들을 만난 인연은 소중하다. 그분들의 공식적 전기傳記야 따로 있지만 내 좁은 소견(管見)과 고기눈(肉眼)에 비친 모습을 보은의 심정으로 기록했다. 미리 양해 구할 것은, 내가 감히 선진님의 생애를 정리하려는 욕심으로 한 일이 아니고 내 눈에 비치고 내 귀에 들린 어느 한 순간 한 장면의 에피소드가 중심이란 점이다. 그 가운데는 거룩한 모습과 더불어 인간적 매력도 들어 있을 것이니 후진들의 신심을 자극하고 공부 자료가 된다면 고맙겠다. 아울러 원불교 전기문학의 새로운 시험대로 삼고자 한다.

원기94년(2009)에 원불교서울문인회 인터넷 카페(마음빛누리에)에 〈틈새 선진열전〉이란 이름으로 실었던 것인데 〈한울안신문〉에서도 발췌해 연재한 바가 있다. 거기에 내용을 보태고 더러는 수정하였다. 현역이 아닌 출가자(열반인 혹은 은퇴자, 단 종법사는 예외) 중심으로 하다 보니 소중한 인연 중에서도 아직 활동하시는 분들은 제외되었다. 참으로 존경하는 열반인이나 은퇴자 가운데도 구체적 사연이 부족하거나 의미 있고 흥미로운 일화가 없어서 누락된 어른들이 적지 않음은 아쉽다. 재가를 못 다루는 아쉬움을 달래고자 부록에 두 분 사연을 덧붙였다.

구성인즉 스토리텔링에 이어서 흉내 수준의 게송偈頌과 해당인의 약력을 붙였다. 게송인즉 뱀의 발이고, 약력은 후진의 이해를 돕기 위한 배려다. 배열은 출생연도 순으로 하였다.

원기99년(2014) 봄, 용봉재에서
봉산 이경식(혜화) 합장

목차

제1장 동트는 아침 해맞이를 하신 분들

1. 구타원 이공주 편 〈사람의 향기 풍기며 교단의 대들보 되시다〉
2. 응산 이완철 편 〈보리달마를 연상시키는 자비로운 어른〉
3. 융타원 김영신 편 〈만년 소녀로 티 없이 맑게 웃으시네〉
4. 상산 박장식 편 〈깨우치되 흔적 없이 겸손하신 천진 여래〉
5. 대산 김대거 편 〈온갖 방편으로 대덕을 베푸신 대인〉

제2장 뿌리 깊은 나무처럼 우뚝하시네

6. 고산 이운권 편 〈고단한 마음을 봄바람처럼 감싸시고〉
7. 용타원 서대인 편 〈베풀고 또 베풀되 짐 되기를 거부하셨다〉
8. 항타원 이경순 편 〈선후진을 알뜰히 보살피니 그릇도 크시네〉
9. 양산 김중묵 편 〈사량계교 떨어진 무심 도인의 인과 법문〉
10. 범산 이공전 편 〈교서 결집 주역이자 일원문학의 마중물〉

제3장 마주해도 그리운 얼굴들이여

11. 승타원 송영봉 편 〈어머니라 부르고 싶었던 자애로운 모성상〉
12. 법타원 김이현 편 〈방편도 가지가지 자비로운 보살마하살〉
13. 처산 김장권 편 〈의욕은 장하시나 아깝게 꺾인 도인〉
14. 이산 박정훈 편 〈무겁고 대범하나 정도 많고 자상하시더니〉
15. 항산 김인철 편 〈외유내강으로 적공하신 눈푸른 법사〉

제4장 뜨거운 꿈은 별이 되어 빛나다

16. 효산 조정근 편　〈온유한 보살, 돌아올 법연을 기다리시네〉
17. 좌산 이광정 편　〈시대를 읽고 문화교화에 앞장서신 부지런딴딴〉
18. 각산 신도형 편　〈아까워라 여래의 꿈 내생으로 미루시다〉
19. 융산 김법종 편　〈만면에 웃음 겸허하고 온화한 기운이 감돌다〉
20. 좌타원 김복환 편〈효심과 열정이 이글거리는 젊은 원로법사〉

제5장 연꽃인 양 향기도 그윽하다

21. 서산 이종진 편　〈구도정성과 교화열정으로 후진을 받드시고〉
22. 연산 김학인 편　〈좋다 잘한다 늘 칭찬만 하시는 천진 시인〉
23. 경산 장응철 편　〈도저한 학문과 맑은 수행에 자비훈풍 따뜻하니〉
24. 웅타원 이창원 편〈드러내지 않는 실천으로 무욕의 자비행〉
25. 헌산 길광호 편　〈아픈 영혼들 위해 제물이 된 헌신의 표상〉

부록

1. 육산 박동국 편　〈창건사에서 악역을 담당한 항문보살〉
2. 팔타원 황정신행 편〈여자니 재가니 하는 상을 떨치신 대장부〉

제1장

동트는 아침
해맞이를 하신 분들

- 구타원 이공주 편
- 응산 이완철 편
- 융타원 김영신 편
- 상산 박장식 편
- 대산 김대거 편

1-〈구타원 이공주〉 편

사람의 향기 풍기며
교단의 대들보 되시다

내가 구타원九陀圓 이공주李共珠 종사를 처음 뵌 것은 입교 후 서울교당 다니던 원기48년(1963) 이후 한두 해 사이일 것이다. 어쩌다 설법을 하시면 한문이나 한시를 줄줄이 외우시면서 힘도 안 들이고 거침없이 하시었다. 지금도 당시에 들었던 순치황제 출가시出家詩 법문이 생생하거니와 한학에 조예 있는 남자교무나 할 법한 유식한 법설에 카리스마가 따라붙었던 것 같다. 게다가 구타원님은 그 출신이 예사롭지 않아서 거의 전설적인 인물로 회자되고 있었다. 친가든 외가든 명문가였다든가, 어린 나이에 순종의 황후인 윤비의 시독侍讀으로 발탁되어 창덕궁에서 4년이나 궁중법도를 익히고 어학교육을 받았다든가, 이화학당과 경기여고를 다니며 신구학문을 두루 익혔다든가, 하나하나가 부러움을 사고 존경을 받을 만하였다.

　당대 최고의 엘리트 신여성이 청춘에 남편을 잃었다는 것, 아들 둘을 두었으나 하나는 어려서 죽고 하나는 촉망받던 영재(박창기)였으나 전쟁 때 희생되었다는 것 등이 구타원 님을 무슨 비극 영화의 주인공처럼 돋보이게도 했다. 그런 불운을 딛고, 여자로서는 대종사님의 수제자가 되었다는 것이 또 종교적으로 얼마나 극적인 뒤집기냐! 구타원이란 법호도 여자수위단의 중앙임을 보여주지만, 공주란 법명조차 共珠 아닌 公主로 오해를 받지는 않았을까 싶을 정도였다.

　게다가 구타원은 자식 몫을 포함하여 남편으로부터 상속받은 땅이 1천여 마지기였고 이것이 거의 다 교단에 투자되었다는 것이다. 젊은 교무들은 교당에 어려운 일이 있을 적마다 구타원 님에게 가서 하소연을 하여 도움을 받고는 했던 것으로 안다. 어느 교무는 구타원 님에게 가서 도와 달라고 하다가 실컷 꾸중을 듣고 눈물깨나 뺐지만 결국은 상당한 도움을 받아냈다더라, 하는 식의 입소문은 재가들에게도 들려오곤 했었다.

　《원불교법훈록》에「구타원 종사는 정신·육신·물질을 다 바쳐서 대종사님의 법을 받들고, 교단을 발전시키기에 온갖 노력을 다하였다. 교단 창립에 있어서 구타원 종사의 역할은 가히 종횡무진이었다. 별로 배우지도 못하고 재산도 없는 가난한 무산자들에 의해 창립된 원불교 교단이기에 구타원 종사는 지식·인품·재산으로 교단 창립에 독보적인 존재가 되고도 남았던 것이다」라고 한 기록이 그것을 말하고 있다.

대종사님을 처음 만났을 때, 일본 가서 공부하고 문학박사가 되어 여성운동을 하는 게 꿈이라던 구타원 님은 글도 잘 쓰셨다. 시가와 논설 등도 많거니와 무엇보다도 대종사님의 법설을 받아 적어 가장 많은 기록을 남겼으니, 대종사님도 "공주는 나의 법 주머니(法囊)다. 나는 공주에게 가장 많이 설해 주었다"고 말씀하셨다.

내게 구타원 님은 너무나 높고 멀리 계셨다. 숫기 없는 내 성격 탓도 있기야 하지만, 구타원 님은 그만큼 우리 회상에서 감히 접근하기 어려운 위상을 지니고 계셨다 함이 맞다. 그래서 일반 교도에게 그분은 신성한 존재로서 완벽한 인품의 전형처럼 비춰진 것도 사실이다. 그러던 터에 한번은 어느 교무님의 안내로 나만을 위한 접견 기회를 부여받았다. 이미 연세 아흔을 훌쩍 넘기고 은퇴 생활을 하실 때였다. 큰절을 올리고 가까이 뵙자니 역시 단정하고 깨끗한 용모와 조금도 흐트러지지 않은 자세는 늘 멀리서 뵙던 모습 그대로였다. 모습을 뵙는 것만으로도 절로 우러러지고 덕화가 느껴지는 것을 느낄 수 있었다.

"요즈음 건강은 웬만하십니까?"

겨우 그렇게 인사 말씀을 올렸다. 무슨 건강 살피는 의료진도 아니니 글자 그대로 인사이다. 상대로부터 무슨 의미 있는 대답이 나오리라고 기대하고 한 질문도 물론 아니었다.

"그게 그렇지가 못해요. 온몸이 안 아픈 데가 없어요."

전혀 뜻밖의 대답이었다. 원로 법사와 교도의 관계에다 나이조차 47세 연하이니 손자뻘인데 깍듯이 하오를 하시는 것도 송구했다. 그러나 정말 놀라운 것은 나의 인사성 질문에 진지하게 "온몸이 안 아픈 데가 없다"고 고백하신 점이다. 내 예상대로라면, "생로병사는 모든 중생이 벗어날 수 없는 근원적인 고^{苦}라네. 다만 중생은 몸이 병들면 마음까지 괴로워하지만, 불보살은 심락을 누리면서 몸의 병고를 잊는 법이라네." 이쯤으로 태연히 대답하고 빙그레 미소할 듯했다. 그러나 구타원 님은 표정조차 찡그리며 아픈 시늉을 숨기지 않으셨다. 그 후 몇 말씀을 나누었지만 기억에 남아 있지 않다. 마지막으로 메모지 한 장을 주시며 거기에 내 이름이랑 소속(교당과 직장)을 적어 달라고 하셔서 적어 드렸다. 수집과 기록의 달인인 어른이라서, 당신이 오늘 만난 인물에 대한 내역을 일기장에 적어 두시려는 것이라 했다.

  나는 내가 알고 있는 구타원이 판타지임을 깨닫기 시작했다. 땅 위에 발을 딛고 서 있는 인간 이공주가 아니라 허공에 맴도는 성자 구타원의 허상에 사로잡혀 지냈음을 알게 되었다. 이런 허상을 결정적으로 깨준 사연이 또 하나 있다. 팔타원 황정신행 종사를 인터뷰할 때였다. 귀를 의심할 만큼 놀랄 이야기를 하셨다.

  "내가 서울서 총부에 올라가 대종사님 찾아뵐 때 구타원이 얼마나 방해했는지 알아? 육타원 님이 몰래 주선해 주지 않았으면 못 만날 일이 많았을 거야."

  듣기 민망할지라도 내 얘기 좀 들어보시라. 추측컨대 대종사님은 청상과부 구타원의 정신적 연인이었을 것이다. 남편이 있긴 했지만, 일곱 살 연하에다 용모가 고운 팔타원에게 구타원은 라이벌 의식을 가졌을 법하지 않은가. 이 대목에서 도인 구타원이 아니라 여자 이공주의 '생얼'(민낯)이 분장 없이 드러나게 된다. 실망스럽다고? 순진하긴! 성인이나 범부나 본성은 어차피 같다. "대종사님, 그거 눈치 못 채셨어요?" 내가 성령 전에 여쭈면 이렇게 대답하실 듯. "내가 그거 몰랐간디!"

어두운 시대에는 사람들이 교조나 성직자를 미화美化하고 성화聖化하고 막판에는 신격화하고서야 직성이 풀렸다. 존경하고 숭배하다 보면 흠결이 없는 완성체로 보고 싶기도 하겠지만 그것은 일종의 우상화 작업이다. 피가 통하고 숨을 쉬는 사람을 죽여서 화석을 만드는 짓이다. 나는 요즘 고희를 넘기고 보니 궂은 날이면 온몸이 아파 절로 신음이 나올 때가 종종 있다. 아흔을 넘긴 노인이 왜 온몸이 안 아팠으랴. 그걸 감추고 "난 육신의 고락을 초월하여 하나도 아픈 데가 없노라" 했다면 사기꾼이다. 또 삼십대 젊은 과부가 잘생긴 남자 스승에게 연정을 품는 것이 얼마나 자연스러운가. 자기보다 젊고 예쁜 여자가 연인 앞에서 알찐거리는 걸 보면 시샘도 할 만하지. 나는 구타원의 인간을 보고서야 그분을 진정으로 존경하고 사랑할 수 있게 되었다고 감히 말한다.

共珠根機最上上(공주근기최상상)
구타원 종사의 근기는 최상 근기니
侍師奉法最上上(시사봉법최상상)

스승 모시고 법을 받들기도 최상급이라
創立功勞無等等(창립공로무등등)
회상 창립에 들인 공로가 최고이니
永劫福慧無等等(영겁복혜무등등)
복과 혜도 영겁토록 최고이시리

구타원 이공주

구타원 님은 1896년 서울에서 이유태 님과 민자연화 님의 3남3녀 중 2녀로 태어났다. 좋은 가문에서 신구학문을 고루 익히면서 성장하였고, 유학하여 여성 지도자가 되는 꿈을 가졌다 했다. 그러나 집안의 강권으로 21세에 결혼하였고 아들 둘을 낳았으나 뜻밖에도 남편이 28세 젊은 나이로 요절하매 절망에 빠졌다. 원기9년(1924)에 대종사를 만나 발심하였고, 1930년에 아들 묵산 박창기와 함께 출가를 단행하였다. 이후 대종사의 가장 촉망받는 여제자가 되었고, 대종사 법설을 가장 많이 받아 적어 후일 경전 결집에 크게 이바지하였다. 지식과 재물이 출중하여 교단 창립과 발전에 큰 공적을 이룩했으니, 성업봉찬사업, 영산성지개발사업, 해외교화사업 등 일일이 손꼽기 어려울 정도다. 서울교당 교무를 비롯하여 감찰원장, 수위단원, 서울수도원장 등을 지냈다. 1991년 96세로 열반에 드시니 법랍이 61년이요 법위는 출가위다.

2-〈응산 이완철〉 편

보리달마를 연상시키는
자비로운 스승

내가 응산應山 이완철李完喆 종사님을 처음 뵌 것은 아마 원기48년(1963) 무렵, 서울교당에서일 것이다. 용산구 한강로 2가에 있는 서울교당은 본래 일본인이 전몰장병 천도를 위해 세운 용광사龍光寺란 절이었다. 일제통치 시절 저들은 정책적으로 야금야금 경복궁을 훼손했는데, 일본승려가, 경복궁의 부속건물로 문무 인재를 뽑던 융문당·융무당을 헐어낸 건축자재를 옮겨다 용광사를 지은 것이다. 무인을 뽑던 융무당은 요사채로 쓰이고 문인을 뽑던 융문당은 법당으로 꾸몄다. 준공기록이 1935년으로 돼 있으니 겨우 10년을 쓴 후 저들이 패전으로 물러갔고, 절은 적산敵産으로 처리되어 원불교가 불하를 받은 터였다. 말썽 많은 하이원빌리지 신축을 위해 2006년에 철거하여 영산으로 옮겨 간 것은 아쉬움이 크거니와, 내가 입교하던 당시엔 두 건물 외에도 일본절의 옛 모습이 많이 남아 있었다. 우선 대각전 뒤쪽에는 부서지고 깨어진 소형 불상들이 가지런히 진열되어 있었는데, 우리 불상과는 모양이 다를 뿐더러 석상이 아닌 석고상 같은 것에 울긋불긋 색깔을 입힌 것도 있었다. 그리고 남쪽 담장 앞에는 석조 지장보살입상이 석대 위에서 다소곳한 시선으로 아래를 내려다보고 있었다.

보살상 앞쪽 오른편에 종각이 있었다. 종은 중고품 대종을 구입한 것이지만 종각은 옛것이 아니라 당시에 새로 지은 것이었다. 그때만 해도 이 종을 매일 쳤는데 종치기는 당시 감원監院(요즘으로 말하면 덕무)으로 있던 강보양 씨라는 여자 분이었다. 그분이 종 치는 것을 두어 차례 유심히 보던 끝에 나도 한 번 울려 보고 싶은 충동을 느꼈다. 어느 날 나는 내가 대신 종을 치겠노라고 보챘다. 내가 치면 나이든 여자보다야 힘차게 더 잘 칠 것만 같았다.

"이게 쉬운 것 같아도 경식 씨는 안 돼요!"

자존심이 상한 나는, 문제없다고 큰소리치며 보양 씨를 밀어내고 천장에 매단 당목撞木을 잡았다. 두어 번 흔들흔들 예비 동작을 하고는 힘껏 밀었다. 뎅! 생각보다는 소리가 그리 크지 않다. 이번에는 좀 더 세게 밀어보리라. 나는 공기를 깊이 들이마시고 나서 숨을 멈추고 안간힘을 쓰며 힘껏 밀었다. 데엥! 너무 조급했던가, 당목의 방향이 흔들려 당좌를 정확히 때리지 못했음에 틀림없다. 옆에서 지켜보던 보양 씨는, 이제 그만두었으면 하는 눈치가 역력한데 내 욕심은 그게 아니었다. 여기서 그만두면 요샛말로 쪽팔리지 않는가. 누구는 뭐 처음부터 잘했으랴, 반복하면서 자신감을 얻는 거지. 나는 스스로를 격려하며 다시 당목을 밀고 또 밀며 몇 차례를 거듭 쳤다. 그러나 소리는 점점 비틀렸다. 주어지는 힘도 강약이 어긋났고 시간 간격조차 장단이 들쭉날쭉하다 보니, 맥놀이가 제대로 생기지도 않거니와 생겼던 맥놀이마저 중동이 부러져서 엉망이 되었다. 보양 씨가 더는 못 보아주겠다는 표정으로 다가오더니 나를 밀어냈다.

보양 씨가 다시 당목을 잡자 종소리는 비로소 제자리를 찾았고, 신비한 맥놀이와 함께 용산 하늘 멀리까지 은은히 퍼져나갔다. 기가 꺾인 나는 종을 다 치도록까지 지켜보며 망연히 서 있을 뿐이었다.

늦가을 오후의 스산한 바람결에 은행잎은 계절의 엽서인 양 날았다. 종각을 벗어나 마당에 깔린 은행잎을 밟으며 나서노라니 뜻밖에도 은행나무 밑 벤치에 앉아 계신 응산 종사님이 눈에 들어왔다. 빡빡머리에 검고 긴 눈썹, 움푹 들어가 자리 잡은 눈망울, 깊이 파인 미간의 주름, 짙은 콧수염과 비뚤어진 입. 나는 평소에도 이 원로님을 뵐 때마다 달마상을 떠올리곤 했지만, 특히 그날 그 순간 모습에서 더욱 보리달마 스님을 연상하였다.

"종을 힘으로만 치간디?"

아! 응산 님은 내가 하는 짓을 다 보고 내 말을 다 듣고 계셨구나, 생각하니 절로 속이 뜨끔하였다. 나는 순발력 있게 '위기탈출 프로젝트'를 가동하여 노 스승께 치명적인(?) 일격을 날렸다.

"교무님! 등상불 신앙을 일원상 신앙으로 돌린다는 원불교에서 왜 불상을 모시고 그런다요?"

나는 지장보살상을 가리키며 의기양양했다. 사투리가 심한 것으로 소문난 응산님께 짐짓 사투리를 섞어 공격한 것은 음식에 고명을 얹는 격이었다.

"느그는 조것이 돌댕이로 보이냐 보살로 보이냐, 안 그라면 미술품으로 보이냐?"

"……?"

나는 의외의 반격에 쭈뼛쭈뼛 할 말을 잃었다.

"보살 맹키로 보이면 예배허고, 미술품 맹키로 보이면 감상허고, 돌댕이로만 보이면 치워야 허것지라!"

맹한 데다가 버릇까지 없는 젊은이를 보고 달마는 빙그레 웃었다.

응산 님은 이태 뒤 은행잎이 날리던 시월에 열반에 드셨고, 그 무렵 나는 수도경비사 헌병대에서 최루탄과 곡괭이자루로 무장한 채 날마다 '폭동진압'을 하러 다녔다. 몇 해 후 서울교당에 오니 지장보살상은 사라지고 없었다. 은행잎은 예나 마찬가지로 날리는데 빈 벤치에선 아직도 달마가 빙그레 미소 짓고 계셨다. 나는 가슴이 텅 빈 듯 쓸쓸했다.

성격이 검소하고 명리에 담박한 분으로, 당신의 부끄러운 일화를 〈대종경〉에 담게 하시어 후진을 경계하시니 자비롭다.

대종사 서울 교당에서 이완철에게 짐을 지고 역까지 가자 하시거늘, 완철이 사뢰기를 "제가 지금 교당 수축 관계로 십여 명의 인부를 부리고 있을뿐더러 교무의 위신상으로도 난처하나이다." 하니, 대종사 그 짐을 오창건에게 지우시고 다녀오신 후 말씀하시기를 "완철은 아까 처사를 어떻게 생각하는가." 완철이 사뢰기를 "크게 잘못한 일은 아닌가 하나이다." 대종사 말씀하시기를 "그대의 이유에도 일리는 있으나 짐 하나 지기를 부끄러이 여겨 스승의 명을 어기고도 그 일을 크게 생각하지 아니한다면 이것이 어찌 전무출신의 본분이라 할 것이며, 또한 그러한 마음을 가지고 어찌 만생을 널리 건지는 큰 일꾼이 되기를 기약하리요." 하시고 "그러한 정신을 놓지 못하겠거든 차라리 사가로 돌아가라." 하시며 엄중히 경책하시는지라, 완철이 잘못을 사죄하고 그 후로는 위신을 생각하여 허식하는 일이 없는 공부를 계속하니라. (교단품 11)

常打自性鐘(상타자성종)
노상 자성의 종을 치시나니
鐘聲醒一心(종성성일심)
그 종소리 한 마음을 일깨우고
時敲會上鼓(시고회상고)
때때로 회상의 북을 두드리시니
鼓響警萬方(고향경만방)
그 북소리 온 세상을 깨우치리다

응산 이완철

응산 님은 1897년 영광에서 이장운 님과 김남일화 님의 5남2녀 중 3남으로 태어났다. 사숙에서 한학을 공부하였고, 강릉 유씨와 14세에 조혼하여 1남 4녀를 낳았다. 친형 이동안의 안내로 대종사 뵙고 제자 되어 법명 완철을 받은 것이 원기6년(1921)인 25세 때였다. 1930년, 34세에 출가를 단행했는데 이 해에 장녀 태연도 전무출신을 서원하고 집을 나오니, 부녀가 한 해에 출가하는 진기록을 세운 셈이다. 이후 37세에 경성(서울) 교무가 되고 47세에 수위단에 피선되니, 이 해에 대종사 열반을 겪게 된다. 63세에 교정원장에 피선되고, 66세(1962)에 정산 종사 열반으로 잠시 종법사 권한대행이 되었다. 곧 대산 종사를 종법사로 추대한 후 감찰원장으로서 지내다가 1965년에 열반에 드니, 세수는 69세요 법랍이 35년이며, 법위는 출가위다. 문학을 좋아하여 논설이나 수상隨想 외에도 한시와 우리말 시가를 종종 발표하였는데 열반 후 《응산종사문집》으로 엮여 간행되었다.

3-〈융타원 김영신〉 편

만년 소녀로
티 없이 맑게 웃으시네

　내가 융타원融陀圓 김영신金永信 대봉도님을 처음 뵌 것은 입교하던 원기48년(1963) 그해일 것이다. 그 무렵 융타원 님은 종종 서울교당에 머무시며 소녀같이 앳된 목소리로 법설을 하시곤 했다. 융타원 님의 설법은 다른 남자 교무님이나 원광대 교수님에 비해 항상 인기가 있었다. 안경 너머로 노상 웃으시는 눈도 그렇지만 때때로 입을 벌려 깔깔거리고 거침없이 웃으며 법설을 하시는데 신바람이 나고 흥미가 진진했다. 지금도 기억나는 것은, 노인을 공경하라는 주제로 법문을 하시면서 예화로 든 것이 불경〈잡보장경〉에 나오는 기로국棄老國 설화이다. 우리 식으로 말하자면 고려장 풍습이 있는 나라에서 어느 효자가 늙은 아버지를 차마 버리지 못하여 국법을 어기고 몰래 봉양했다는 그 이야기 말이다. 마침 이웃 강국에서 침략의 명분을 찾아 트집 잡으려 어려운 문제를 내자 이를 풀 길이 없어 애쓰던 차 아버지의 지혜를 빌려 위기를 넘긴다. 국왕이 그 공로를 포상하려 하자, 실은 자기 아버지의 덕택임을 고백하였고, 감복한 임금은 국법을 고쳐 노인 버리는 악습을 청산하게 되었다는 것이다. 동화나 민담 수준의 얘기지만, 이야기하시는 분이 퍽 재미있어 하시면서 풀어 나가셨다.

융타원 님은 언제나 소녀처럼 순수하고 아이처럼 천진했다. 아무 고민이나 걱정거리가 없는 분 같았다. 무슨 고매한 법설이나 진지한 성찰보다는 생각이 단순하고 언행이 평범해 보였다. 교리의 철학적 고증이나 의표를 찌르는 성리, 그런 것이 없으니까 처음엔 이웃집 할머니랑 다를 게 없어 보여 실망스럽기도 하였다. 그러나 진리란 것은 본래부터 복잡한 것이 아니라 단순한 것이요 별난 것이 아니라 평범한 것이 아닐까?

"교무님! 아무도 알아주지 않던 원불교에 어떻게 정녀로 출가할 결심까지 했나요?"

"아, 내가 경성여고보(경기여고 전신) 다닐 때 키는 쬐끄맣지만 육상선수였거든……"

여기서부터 융타원 님은 싫증도 안 내시고 귀찮아하지도 않으시며 당신 이력을 엮어 가신다. 당시 서울에 있던 여덟 개 여학교가 모여 연합운동회를 하였는데, 융타원 님은 육상선수로 나가서 잘 달리다가 결승 테이프를 끊으면서 그만 넘어졌더란다. 그때 얼굴에 부상이 생기면서 얼굴 한쪽이 썩으며 뭉그러지고 치아까지 죄다 물러 내렸다. 치료를 했으나 결국 급성뇌막염으로 진행되었고 당대 최고의 의료기관인 세브란스에서, 수술을 해도 24시간 내 사망할 것이란 절망적 진단결과를 내놓았다. 백용성 스님의 대각사에 다니던 처지에 마지막으로 관음주력을 하면서 이 절체절명의 위기를 기적적으로 극복하였다. 그러다가 박공명선의 소개로 외할머니 민자연화, 어머니 이성각, 이모 이공주 님 등과 함께 대종사님을 뵙고 발심하여 개종하고 출가하니, 정녀로서 최초의 여자 교무까지 된 것이다.

"내가 여학생 때는 예쁘단 소리 듣고 운동이랑 공부랑 제법 했거든!"

"그럼 남학생들도 따라 댕겼겠네요?"

"아무렴! 남자들도 따라 댕기고 별일이 많았는데, 열일곱 살 처녀가 얼굴이 망가졌으니 어떡해?"

"……?"

"시집도 못 가게 생겼으니, 에따! 정녀나 되자, 그런 거지 뭐! 하하하……"

어찌 꼭 시집 못 가서 하는 수 없이 출가를 하였을까마는 거침없이 솔직하게 말하고 깔깔 웃으시는 모습이 영락없는 철부지 소녀 같았다.

"지금은 그래도 흉터가 안 보이는데요?"

"많이 좋아졌지. 그래도 여기 잘 봐!"

그리고 보니 안경에 가려져 잘은 안 보이지만 오른쪽 눈 밑에

처진 흉터가 보인다. 나는 짐짓 놀려 보았다.

"그 정도면 별로 흉하지 않은데 시집을 가실 걸 그랬어요."

"병 고치는 동안 나이도 들었것다, 이런 흉터 가지고 좋은 남자한테 시집가긴 틀렸지. 그러니까 못 갔잖아?"

융타원 님은 또 깔깔 웃으신다. 거기엔 어떤 가식이나 성자연^聖^{者然}하는 위선이 자리할 수 없었다. 총부 솔밭에서 대종사님 심판 세우고 까막잡기하다가 술래가 되어 그만 대종사님을 잡고 누군가 몰라 위아래로 더듬어 대종사님을 난감하게 했었다는 둥, 대종사님과 여자교도 지환선을 놓고 누가 더 뚱뚱한가 내기하느라 끄나풀 가지고 조실로 가서 대종사님 배둘레 재러 왔다고 어리광을 부렸다는 둥, 이런 얘기들도 융타원 님이 하니까 하나도 이상하게 들리지 않는 것이다. 때로는 듣기 거북한 농담도 하셨다.

"옛날 총부서 대종사님 모시고 살 때, 한번은 대종사님이 대산 님을 꾸중하시는데 '야, 이놈아! 너 그러다가 대거^{大擧}는커녕 소거^{小擧}도 못 되겠다!' 하고 호통을 치시더란 말이야."

대상이 당대 종법사이시니 듣는 사람조차 송구스러운데 융타원 님의 까르르 웃음소리에는 걸릴 것 없이 다 묻혀버리고 말았다.

융타원 님은 늘 밝게 웃으시며 누구에게나 따뜻하게 대하시었다. 마치 고생이라곤 해보지 않은 사람처럼 그늘이 없어 보였다. 그러나 교무님은 생후 5달 만에 부친을 잃고 홀어머니 밑에서 자랐으며, 꿈 많은 소녀 적에 얼굴 부상으로 인한 상처 외에도 평생 심장병과 불면증으로 고생했고, 특히 심장병은 여덟 번이나 죽을 고비를 넘길 만큼 심각했다고 한다. 초창 교당 개척에 눈물겨운 고난도 많이 겪었고, 일제말과 6.25전쟁 때의 고생은 유난했다고 한다. 특히 신태인 교당 교무로 지내던 원기28년의 쓰라린 기억은 50년 교화 생활에서 가장 끔찍했던 것으로 회상하고 있다.

"원기28년 대종사님 열반하셨다는 청천벽력 같은 슬픔을 겪고 나서도 우리(부교무 포함)는 교화하는 재미보다 일본 관리들의 갖은 간섭과 공출에 더 시달렸지. 짚신을 삼아오라, 새끼를 꼬아 오라, 쑥을 캐어 오라, 관솔을 꺾어 오라, 아무튼 공출 종목이 32가지나 되었잖아. 우리는 날마다 공출 장만하느라 산으로 들로 분주하게 싸다녔어. 또 근로보국에 나오라 해서 여자의 몸으로 땅 떼기 노동에 강제 징발되어 혹사당했것다. 거기다 웬 공습은 그리도 잦은지, 경보가 울리면 걸음아 날 살려라 하고 대피하느라 땀을 뺐지. 신태인 교무 시절을 생각하면 신물이 나고 소태 같은 기억만 되살아나."

말인즉 신물이 난다 하시면서도 융타원 님이 하시는 말씀은 재미있게 들린다. 웃음소리가 들린다. 그런 의미에서 융타원 님은 낙천주의자다. 고락을 초월하여 자성극락을 누리셨는가 싶다.

내가 융타원 님 혼령을 초청하여 인터뷰를 실시했다. 긴 인터뷰의 마지막 대목만 밝히면 아래와 같다.

"융타원 님, 끝으로 여자교무 1호의 입장에서 후배 교무들에게 한 마디 당부 말씀을 부탁합니다."

"그러지, 뭐! 애들아, 제발 웃어라. 든 것도 없으면서 근엄한 태도 심각한 표정 짓지 말고, 사람 만나면 웃어라. 나처럼 깔깔깔을 못 하면 방글방글이라도, 그것도 안 되면 빙그레라도 해라. 가난한 사람, 힘없는 사람, 별 볼일 없는 사람을 만나면 더 웃어라."

"수고하셨습니다. 이만 인터뷰를 마칠까요?"

"아니, 한 마디 더!"

"그럼 하세요."

"이경식 이놈! 너도 좀 웃어라. 그 까칠한 얼굴 치우고 억지로라도 웃어 봐라. 〈웃어요〉란 가요도 못 들어봤니?"

"아, 전 클래식 과라서…헤헤! 헤헤헤!"

下心下心無差別(하심하심무차별)
하심하고 하심하여 차별 두지 말지니
貧富貴賤無差別(빈부귀천무차별)
빈부니 귀천이니 그런 것 차별 마라
嚇嚇呵呵無盡藏(하하가가무진장)
깔깔 껄껄 자꾸자꾸 웃어주다 보면
濟度衆生無盡藏(제도중생무진장)
네가 건질 중생도 끝없이 많으리라

융타원 김영신

융타원 님은 1908년 서울에서 김일환 님과 기타원 이성각 정사를 어버이로 하여 태어났다. 생후 5개월 만에 부친을 사별하고 외가에서 어린 시절을 보내며 한문을 공부하였다. 보통학교를 거쳐 경성여고보에 진학한 후 체육대회 때 입은 부상으로 생사의 갈림길에서 방황하기도 했다. 17세에 대종사를 만나 법명을 받아 입교하고, 21세에 출가하였다. 1934년에 부산 남부민 교당 교무 발령을 받으니 27살 나이로 최초 여교무가 된 것이다. 이후 초량교당으로 옮겨 교화 성과를 얻고 다시 개성교당으로 가서 교화활동을 하였다. 초량, 개성, 신태인, 총부 등 가는 데마다 야학을 열고 한글강습을 하고 연극 공연도 하는 등 교육과 문화에 대한 감각이 남달랐다. 전주, 동래 등지의 교무와 총부의 부장 등 책임을 맡아 활동하다가 퇴직하여 익산수도원에서 1984년 열반에 드니 세수 77세에 법랍이 56년이다. 법위는 법강항마위다.

4-〈상산 박장식〉 편

깨우치되
흔적 없이 겸손하신 천진 여래

내가 상산常山 박장식朴將植 종사를 처음 뵌 것은 역시 서울교당 새내기 청년교도였을 때다. 약간 구부정한 인상이지만 긴 목에 키도 크시고, 희고 깨끗한 안색에 옛날식 동그란 뿔테 안경을 쓰신 분이었다. 내가 처음 뵈었을 때가 쉰을 겨우 넘긴 연세였을 텐데 한복에 삭발머리라서 그런지 시골 할아버지 스타일이었다.

지금도 그런 느낌이 전혀 없지는 않지만, 그때만 해도 짧은 역사의 미니 교단으로서 원불교도들이 가지는 콤플렉스인즉 원불교가 남들에게 유사종교 취급을 당하는 설움 같은 것이었다. 그래서 지방신문 귀퉁이에라도 원불교 소식이 실리면 고마워서 감격하는 분위기였고 덜 좋은 기사가 나면 금세 주눅이 들었다. 한 번은 모 중앙지에 원불교를 비방하는 기사가 났다고, 초발심 수준인 나는 혹시 상처를 입을까 싶어 끼워주지도 않은 채, 교우회(현 원대련+원청) 회원 몇 분이 수군거리더니 항의전화를 걸기로 하였다. 누가 걸까, 어떤 식으로 항의할까 머리를 맞대고 의논하더니 결론이 나왔단다. 대표는 명문대 대학원생 모씨가 나서고, 통화 첫 멘트인즉 "저는 ××일보 애독자의 한 사람입니다"로 시작하는 것이 좋겠다는 등등. 지금 생각하면 웃음만 나오지만 당시엔 그런 게 그렇게나 심각한 분위기였다.

교도들이 말하기를, 상산 님은 경기고 전신인 경성제일고보에다 서울법대 전신인 경성법학전문학교 나오신 최고급 엘리트라고 했다. 그런 말 속엔 영광 두메 촌놈들만이 아니라 당대 일급 인텔리도 원불교 간부 중에 있다는, "그렁게 우리 원불교를 깔보지 말랑께!" 하는 과시성 안간힘이 들어 있었다. 그런데 내가 보기에 상산 님은 뭐 그리 똑똑해 보이거나 세련돼 보이지도 않았고 말씀하시는 것도 어수룩한 시골사람 그대로였다. 사물을 꿰뚫어 보는 듯 반짝이고 예리한 눈빛을 가진 수재형도 아니었고, 입술을 굳게 다문 채 신념에 찬 듯 다부지게 버티고 서는 열혈투사형도 아니었다. 어딘가 헐렁해 보였다. 만만해 보였다.

그래도 내가 상산 님으로 인해 위로받은 게 하나 있다면 법명 콤플렉스다. 본명 혜화가 여자이름 같다고 놀림 받던 처지에 법명 경식이 남자이름답다는 것까지는 좋았다. 그런데 경식이라면 속명 같지, 법명 같은 깊은 맛이 없지 않은가? 너무 싸구려로 지어준 것 아닌가 싶어 불만이 컸다. 특히 심을 식植 자라면 속명 가운데도 남자 이름에서 흔해 빠진 것 아니던가. 그래서인지 지금도 혜화를 법명으로 경식을 본명으로 아는 분들이 적지 않다. 그나마 위안이 상산님이었다. 원불교의 고위 간부 되신다는 이분도 식植자 돌림이 아니더냐.

한번은 말씀 끝에 내가 불쑥 여쭈었다.

"대종사님이 구도과정에서 왜 유·불·선이나 기독교·동학·증산도 경전을 구해 공부하지 않으시다가 대각 후에서야 열람하고 '나의 안 바는 옛 성인들이 또한 먼저 알았도다' 하셨는가 이해가 안 됩니다. 엉터리 도사부터 걸인까지 모셔다 도를 물었다면서 왜 당대 고승들이라도 찾아다니며 도를 묻지 않았을까요? 길룡리가 아무리 궁촌벽지라 하지만 가까이 불갑사, 선운사 같은 큰 절도 있는데 거기 가서 스님들과 문답하거나 불경이라도 구해서 읽었어야지, 대각 후에 겨우 불갑사 금강경 갖다 읽으시고 뒤늦게 부처님이 성중성이요 불법이 제일이라니 생뚱맞지 않습니까?"

원불교가 불교의 종파가 아니냐 하는 것은 그때 원불교가 시달리는 아킬레스건이었다. 때는 군사정부에 의해 1962년에 만들어진 불교재산관리법에 원불교가 적용을 받아야 한다는 주장까지 있고 보니 정통성 문제는 민감한 문제였는데, 겁도 없이 내가 만용을 부린 것이었다. 상산 님은 얼른 대답을 않고 뜸을 들이셨다. 나는 상산 님이 아무리 최고 엘리트라 하더라도 나의 일격을 못 이기고 외통수에 빠져 들었다고 내심 쾌재를 불렀다.

"구도과정에서 왜 절에 안 가셨을까? 왜 불경은 진작 안 읽으셨을까? 그런 말이지?"

"네, 바로 그겁니다."

"그렇게 생각할 수 있겠네. 그런데 대종사님이 절에 간 적이 없다든가 불경을 본 적이 없다고 누가 그렇게 단정하던가?"

그것은 마치 "나도 잘 모르겠는데 한번 알아보자"는 말투였다. 나는 이런 애매한 태도가 마음에 거슬렸다. 그렇게 엉거주춤 얼버무리지 말고, 지성인이라면 보다 확신을 가지고 명쾌한 논리로 나를 압도해 주기를 소망했던 것이다. 적어도 그 정도는 돼야 인텔리 법사요 엘리트 전무출신이 아니냐고 생각했던 것이다. 당시 내 깜냥으로는 덕장보다 지장 내지 용장이 멋져 보였는지도 모른다. 그러나 상산 님은 표정부터 말씀과 몸가짐 등 모두가 겸손할 뿐이었다. 답답해하는 내 꼴이 안 됐던지 한 마디 흘려 주셨다.

"언제는 청산이 거기 없었던가? 봉사니까 못 본 거지."

훗날 소태산가사를 보다가 〈안심곡〉의 별칭이 '奉事見靑山' (장님이 청산을 보다)임을 알고 비로소 고개를 끄덕였다.

1980년대, 하루는 상산 님이 내가 다니던 도봉교당에 오셨다. 그때 난 한 가지 의문이 생겨서 고심 중이었다. 사람이 죽으면 49일쯤 중음에 머무르다가 새 생명을 받는다고 했것다. 그러면 몸을 받기 전 중음에 있는 동안에는 업을 짓는가 안 짓는가? 신·구·의 삼업이라 했는데 몸도 없고 입도 없는 영가가 뜻(意)만 가지고 업을 짓는가? 아니면 중음에 있는 동안에는 신업身業이나 구업口業뿐 아니라 의업意業도 일시적으로 중단되는가?

내가 모시고 다과 접대를 하며 이런 저런 말씀을 받들던 중에, 옳다구나 기회다 싶어 여쭈었다.

"법사님! 영가가 중음에 있을 때에도 작업을 합니까? 아니면 일시 쉽니까?"

긴장하고 기다린 것은 명쾌한 대답이었지만 돌아온 것은 엉뚱한 반문이었다.

"여기 교무님한테 여쭈어 보았나?"

"아…아직 여쭈어 보지 못했습니다."

"그러면 나중에 교무님한테 여쭈어 보게나."

아시면 속 시원하게 대답을 해주시든가, 모르시면 모른다고 솔직하게 고백을 하시든가 그러실 일이지, 왜 말을 돌리십니까? 저 상산 님께 실망했습니다. 속으로 안간힘을 쓰긴 했지만, 나는 이내 감을 잡았다. 임제의 할喝인지 덕산의 방棒인지 잘은 모르지만 상산 님은 내 아둔한 머리에 일격을 가한 셈이었다. 저 다니는 교당의 지도 교무님은 시시하게 보고 총부에서 오신 큰 어른이나 상대하려는 그 아만심! 무얼 좀 안다는 상相에 가리어 담당 교무를 제쳐놓는 태도가 바른 공부길이 아님을 일깨우신 것이려니! 나는 늘 이렇다. 부끄러운 일이다.

2005년, 95세 노령에 처음이자 마지막 저서로 《평화의 염원》을 내셨다. 가슴 아픈 가족사로부터 대종사 모시던 초기 교단사, 그리고 당신이 도달하신 깨달음의 경지를 드러내신 법설 등 소중하기 이를 데 없는 내용으로 가득 찬 저술이었다. 마침 〈원불교신문〉에 칼럼을 연재하던 터라 '상산 박장식 종사님의 선물'이란 제목으로 감사의 인사를 드렸다. 글 끝에 '백세 장수를 빈다'고 축수했다. 그걸 본 아내가 '그럼 5년만 더 사시란 뜻이니 서운하게 생각하실 것 같다'고 하기에 웃고 말았는데, 정말 백세를 넘겨 101세로 가셨다. 오래도록 직접 뵈올 기회를 못 찾다가 열반하신 후에야 향 한 가닥 피우고 큰절 올리는 심정이 마냥 아쉬웠다.

無言說法常(무언설법상) 말 없는 가운데 법을 항상 설하니
奉事見靑山(봉사견청산) 봉사가 눈을 떠 청산을 바라보네
主世佛子宗(주세불자종) 주세불의 제자 중 으뜸이시요
萬世標準師(만세표준사) 만세에 표준 되는 스승이시라

※ '봉사견청산'은 소태산가사 〈안심곡〉의 별칭으로 쓰인 바 있어 인용한 것이며, 奉事도 盲人을 뜻하는 假借 용법으로 차용함.

상산 박장식

상산 님은 1911년 전북 남원에서 박해창 님과 정형섭 님의 2남2녀 중 차남으로 태어났다. 부유한 명문가를 배경으로 하고 재질 또한 총명하여 당대 명문 경성제일고보와 경성법학전문을 졸업하였다. 이 무렵 모친이 먼저 대종사를 뵙고 입교한 후 상산 님을 입교시키니 26세 되던 원기21년(1936)이었다. 회갑을 맞이한 모친 뜻을 좇아 총부에 가서 대종사를 뵙고 발심하여 남원교당을 창립하고 교도회장이 되었다. 1941년에 출가를 단행하고 사가도 총부로 옮겼다. 이후 대종사의 특별한 신임을 받고 총무부장으로 《불교정전》 편수와 출판에 기여했다. 대종사로부터 인재양성과 해외교화에 힘쓰라는 부촉을 받고 평생 그 뜻을 받들었다. 교정원장 등 요직을 맡으며 원광대 전신인 유일학림을 비롯하여 원광중고등학교, 원광여자중고등학교 등을 설립하고 초대교장을 지내는 등 육영사업에 업적을 쌓았다. 국내 종교협의회나 해외 종교단체와의 협력에 힘쓰며 교전의 일역·영역 등 역경에도 힘을 기울였다. 1975년 65세의 고령임에도 미주교구 주재 교령으로 미국생활을 시작하여 1987년 귀국 때까지 해외교화에 힘썼다. 2011년, 한 세기를 향기롭게 사시고 열반에 드시니, 법랍 70년 4개월에 법위는 대각여래위다.

5-〈대산 김대거〉 편

온갖 방편으로
대덕을 베푸신 대인

내가 대산大山 김대거金大擧 종사님을 처음 뵌 것은 원기48년 (1963)일 것이다. 1960년대, 당시 수도권에는 서울교당과 종로교당 이렇게 둘만 있었다. 종로교당은 개인주택에서 겨우 꾸려가고 있던 처지라 총부 어른들이 서울 오시면 으레 서울교당에 머무시곤 했다. 때는 정산 종법사 열반 이듬해여서 새내기 종법사 대산大山 님이 상경하신 길에 법회 임석을 하셨다. 지금도 기억하는 것은, 백호친 머리와 해말간 얼굴에 하얀 모시 법복을 입고 단정히 앉아 계시고, 남녀노소 교도들이 그 앞에 나아가 큰절을 올리던 모습이다. 따져 보니 그때가 종사님 48세 무렵이다. 남들처럼 머리를 길러 포마드라도 바르고 양복을 입으셨더라면 한창 때의 중년신사로 비쳤을 법도 한데 차림새 때문에 중노인 정도로 보였다. 그렇다 해도 백발성성한 6,70대 노인네들까지 줄줄이 나아가 아들뻘 법사한테 큰절 올리는 것을 보고, 저 양반이 높기는 높은가보다 싶었다. 그때 무슨 법설을 하셨는가 내용이 전혀 기억에 없지만, 어쨌건 달변도 아니고 열변도 아니었다는 것만은 기억한다. 교단에서 제일 높은 어른이시라니 뭔가 특별한 것이 있으리라 기대했던 나로서는 실망스러웠다.

평택에 교당을 만들고는 교무님 따라 종종 신도안 삼동원으로 인사를 갔다. 인사를 갔대야 개인적 대화는커녕 한 번의 눈맞춤조차 없이 대중 속에 끼여 보고 듣고 오는 것이 전부였다. 1978년인가 이번에도 새해인사차 신도안에 갔다. 교당별로 알아서 날 잡아 인사를 가던 시절이라 그날은 서너 개 교당에서 통틀어 30명이나 될까 싶게 모였는데 야외 양지쪽에다 법석을 마련하였다. 교당별로 돌아가며 보고를 드리고 교무님들이 교도 소개도 하였다. 소개된 유공인들이 간단히 발표를 했고, 그러면 종법사님은 시자를 시켜 염주(단주)를 하나씩 주시곤 했다. 그 중엔 대전교당에서 오신 오뭇 아무개 교도가 있었는데 박사 학위를 가진 교수였다. 인물도 언변도 좋은 분으로 입교 후 꽃발신심이 났고 교단에서도 공을 들이는 처지였던가 싶다. 당시엔 교수 가운데도 박사가 귀하던 시절이라 종법사님은 말끝마다 '오 박사, 오 박사' 하시면서, "박수쳐라!" 하고 중간박수를 유도하는 등 그분을 대단히 추어주셨다.(그분은 충남대 교수로 뒤에 대전대 초대 총장을 지내시고 교단적으로도 요긴한 역할을 하신 오희필 박사이시다.)

나도 말석에서나마 평택교당을 대표하여 교당창립의 어려움과 앞으로의 각오를 주절주절 말했다. 예상 시나리오대로라면 "불모지에 교당 만드느라고 수고했다. 박수치자. 거기도 염주 하나 주어라." 이렇게 돼야 맞는데 그게 아니었다. 이번에는 박수도 치지 않으시고 칭찬은커녕 남들 다 주던 염주도 주란 말씀이 없으시다. 돌아오는 버스 안에서 혼자 생각하니 참 서운했다. 목소리도 작은데다 내가 생각해도 말주변 없이 발표를 하긴 했지만, 그렇게 숫제 따돌림을 주다니 이럴 수가 있는가. 종법사라는 양반이 사람 차별을 해도 너무 한다 싶었다. '오 박사'와 대비가 되니 더욱 심기가 불편했다.

그래도 얼마 후 마음을 돌리는 데 성공했다. 나야 입교 십 수 년이나 되니 내버려 두어도 되지만, 갓 입교한 그분은 잘 챙기는 것이 맞지. 더구나 박사 교수로서 교단에 유용한 인재로 활용할 복안이 있으시니 왜 안 그렇겠나.

당시 나는 잘 나가는 고등학교 교사였지만, 검정고시로 교사자격증을 딴 처지라 대학 졸업장도 없었다. 나는 내가 '오 박사'처럼 교단에 유용한 인재가 될 순 없을까 고심했다. 그때 나는 분심忿心이 발동했다. 그러지 않아도 직장에서 학력學歷 콤플렉스에 시달리던 처지였던지라, 나는 "10년 안에 박사 학위를 따고 대학 강단에도 서겠노라!" 선언 후 직장을 의정부로 옮기고 서울에 있는 야간대학에 들어갔다. 낮에는 여고 선생님, 밤엔 대학생으로 고행 끝에 대학을 졸업한 것이 40세. 나는 대학원 석·박사 과정을 잇달아 도전하였고 1988년 천신만고 끝에 박사학위 심사를 통과하고 보니 다짐했던 대로 꼭 10년 만에 이룬 성과였다. 박사과정부터 출강도 시작했으니 자신과의 약속을 지킨 셈이다.

학위를 받고 나자 나는 그간 틈틈이 준비해온 작업에 박차를 가했다. 그것은 다름 아닌 대종사님의 문학작품 연구다. 1991년, 탄생 백주년에 맞추어 결실을 이루니 곧《소태산 박중빈의 문학세계》의 발간이었다. 학위논문의 출판도 미루고 서두른 덕에 타이밍을 맞춘 것이다.

이듬해 정초, 신축한 중도훈련원 대강당에서 전국 교도들이 운집한 가운데 종법사께 신년하례를 시행했다. 나도 참석하여 한 모퉁이에 쭈그리고 앉아 있었다. 그런데 사전에 귀띔도 없었는데 느닷없이 내 이름이 불렸고 졸지에 단상으로 안내되었다. 여기서 진안군수든가(기억에 만덕산 개발에 행정적 지원이 컸다고 했다) 하는 분과 나 두 사람이 불려나갔는데, 대산 종법사께서는 당신 오른손에 나, 왼손에 그 군수를 잡으시더니 '박수들 쳐라' 하고 흐드러지게 외치셨다. 얼떨떨하게 칭찬을 듣고 송구스러워 그만 내려오려는데 손을 꼭 잡고 놓아주시지를 않는다. 식이 끝나고 나자 기념촬영을 지시하시고 햇빛 밝은 실외로 나가는데 여전히 손을 놓지 않으신다. 그렇게 사진을 찍고서야 손이 풀려 해방(?)되었는데 지금도 그 사진을 보면 진땀이 난다. 당신 옆에 군수와 나만 두고 셋이 찍은 것이 아니라, 양 옆에 들러리(?)를 즐비하게 세우신 것이다. 상산 박장식, 향산 안이정, 항산 김인철, 기산 이현도 원로님들이 내 옆으로 서시고, 반대쪽으로는 장산 황직평, 용타원 서대인, 범타원 김지현, 법타원 김이현 원로님들이 서 계신다.

어느 자리에서 나는 농담반 진담반으로 "그때 난 대산 종법사님께 품었던 원怨과 한恨을 몽땅 풀어버렸습니다" 했다. 지금도 궁금하다. 이 어른이 다 아시면서 나를 분발시키고자 그때 일부러 내게 그리 서운하게 하셨던가? 혹은 대종사님 성령이 나를 부리려고 시험을 하셨던가?

법명 대거大擧에 법호 대산大山이어서 그런지 평소 쓰시는 용어에 큰 대大 자를 잘 쓰셨다. 대공심大公心 대공심大空心 같은 말에서 시작하여, 사대관四大觀은 대진리관 대윤리관 대국가관 대세계관이고, 인생오기人生五期는 대창시기 대학업기 대수련기 대활동기 대준비기—매사 이런 식이다. 만년에는 대적공大積功을 많이 말씀하셨다. 그러나 종사님은 "나는 출가하던 16세 당시로 돌아가 늘 소자小子, 소제小弟, 소동小童으로 살았노라" 하셨다. 참으로 겸손한 대인이요, 대덕을 만방에 펴고 가신 생애였다.

大德大德實無德(대덕대덕실무덕)
내 덕이 크네 내 덕이 크네 떠벌이는 것은 실로 덕이 없는 것이요
無德無德眞大德(소덕소덕진대덕)
내 덕은 없소 내 덕은 없소 하는 것이 참으로 큰 덕이다
大人大人實小人(대인대인실소인)

대인이로라 대인이로라 하는 자는 실제로 소인이요

小人小人眞大人(소인소인진대인)

소인이요 소인이요 하는 이야말로 참으로 대인이다

대산 김대거

　　　　　　　대산 님은 1914년에 전북 진안군에서 부친 김인오 님과 모친 안경신 님 사이에서 장남으로 태어났다. 11세 되던 원기9년(1924), 할머니 노덕송옥 님에게 손을 잡혀 따라가 만덕산에 하선夏禪 나러 오신 대종사님을 처음 뵈었다. 16세에 출가하여 총부에 오고 대종사님과 부자지의를 맺었다. 1943년 대종사 열반시까지 시자로서 혹은 교단 간부로서 총부를 지켰고, 〈대종경〉 편찬에 큰 역할을 하였다. 한동안 건강을 잃고 사경을 헤매기도 하였으나 요양을 거쳐 위기를 넘겼다. 정산 종법사를 모시고 서울출장소장, 수위단원, 교정원장 등 요직을 역임하다가 1962년에 정산 종사 열반 후 대임을 승계하였다. 이후 33년간 교당불리기, 교도훈련 등에 주력했고, 종교연합운동과 해외 포교에도 큰 힘을 기울였다. 1994년 좌산 이광정 종사에게 대임을 넘기고 상사로 있다가 1998년 열반하였다. 세수 85세, 법랍이 70년, 법위는 대각여래위다.

제2장

뿌리 깊은 나무처럼
우뚝하시네

- 고산 이운권 편
- 용타원 서대인 편
- 항타원 이경순 편
- 양산 김중묵 편
- 범산 이공전 편

6-〈고산 이운권〉 편

고단한 마음을
봄바람처럼 감싸시고

고산高山 이운권李雲捲 종사님은 당시 서울출장소장으로서 서울교당에 상주하고 계셨다. 내가 고산 님을 처음 뵌 것은, 원기48년(1963) 봄, 서울예식장인지 종로예식장인지 하는 데를 빌려 열린 원불교사상강좌에서였던가 싶다. 거기 강사로 나오셔서 설법을 하셨는데 다른 말씀은 기억에 없고, 진인眞人에 대한 설명과, 고추장 단지 열어놓고 온 것에 마음을 빼앗겨 안절부절못하며 법회를 제대로 못 보는 할머니 이야기를 예화로 하신 기억이 남아 있을 뿐이다.

입교 후 서울교당을 드나들던 나는 1964년 군에 입대하였고, 마침 필동에 있던 수도경비사령부 헌병대에서 졸병으로 근무하게 되었다. 당시는 박정희 정부에서 김종필을 보내 한일국교정상화

회담을 추진하면서 시국이 몹시 어수선하였다. 굴욕외교 반대를 외치며 대학생들이 거리로 쏟아져 나왔고 나중엔 중고등학생까지 몰려나와 거리거리 시위대 물결로 넘쳐났다. 한때 계엄령까지 발동하였고, 해를 넘겨 협정비준 반대운동은 격렬하게 지속되었다. 우리 부대는 날마다 폭동진압훈련을 하며 대기하다가 경찰이 시위대에 깨진다는 연락이 오면 출동하였다. 가장 격렬한 출동의 기억은 이른바 고려대 틈입(闖入:기회를 타서 느닷없이 함부로 들어감) 사건이었다.

안암동로터리부터 일진일퇴를 반복하면서 헌병대는 고대 정문 앞까지 밀고 오는 데 성공했다. 나는 연막탄과 최루탄을 가득 넣은 배낭을 메고 철모와 방독면에 야전 곡괭이자루를 든 채였다. 정문 양편에는 석조 교문을 만들기 위해서 쌓아놓은 화강암 조각이 언덕을 이루고 있었고, 우리는 위험에 너무 많이 노출돼 있었다. 부상자도 이미 적지 않았다. 우리 중대원 가운데서도 소 병장은 돌팔매에 방독면이 깨지는 바람에 이마가 찢어져 선혈이 낭자했고, 최 일병은 철모가 벗겨지면서 머리가 깨져 후송되었다.

"돌겨―억! 돌겨―억! 전원 돌겨―억! 돌겨―억!"

대대장은 휴대용 확성기를 메고 부하들을 향해 악을 썼다. 명령은 단호했지만, 누구도 그 화강암 우박 속으로 감히 뛰어들지 못했다. 대대장이 악을 쓰면 인사치레처럼 몇 걸음 다가가다가는 도로 물러나올 뿐 어쩔 수가 없었다. 나는 이 전장에서 어떻게 처신해야 할지 갈등하고 있었다. 후퇴하여 비겁자로 낙인찍히기도 두려웠지만, 그렇다고 무모하게 뛰어들 용기도 없었다. 다만 이 절체절명의 시간이 빨리 끝나기만을 빌었다.

 그 짧고도 긴 시간이 지나자 대대장이 갑자기 후퇴 명령을 내렸다. 아, 이제 살았구나. 우리가 타고 왔던 트럭들이 어느새 학교 앞 도로변에 줄줄이 대기하고 있었다. 표류하던 조난자가 구조선을 만난 듯 너도나도 재빨리 승차하였다. 승차가 끝나는 대로 우리는 안전한 곳으로 퇴각하고 아마도 귀대할 것이었다. 그러나 우리의 예상은 아주 빗나갔다.

 헌병을 가득 실은 트럭들은 헤드라이트를 켜고 요란한 클랙슨 소리를 울리면서 교내로 돌진했다. 학생들한테 둘러싸여 돌로 몰매를 맞아 죽을지 모른다는 아찔한 공포감이 순간적으로 뇌리를 스쳤다. 그러는 사이 학생들을 향해 돌진하는 차 앞에 데모대의 전열은 풍비박산이 되고, 헌병들은 하차 명령에 따라 차에서 우르르 뛰어내렸다. 다시 연막탄이 터지고 사과탄이 날고 '지랄탄'은 이리저리 교정을 누비며 굴렀다. 마냥 용감하여 절대 물러서지 않을 것 같던 학생들은 오직 필사적으로 도망칠 뿐 저항자는 이미 어디에도 없었다.

 헌병들은, 정문 앞에서 치른 악몽 같던 공방전에서 당한 공포와 고통의 보상을 받아내겠다는 듯이 온 교정을 휘젓고 다니며, 걸리는 학생들을 모조리 잡아서 한 줄로 꿇어앉혔다. 우리는 도망자를 찾으러 도서관 열람실로 이학부 실험실로 혹은 강의실이나 식당으로 뛰어들며 광마처럼 날뛰었다. 포로를 즐비하게 앉혀 놓고 감시하던 이들은 가끔씩 분풀이 삼아 곡괭이 자루를 휘둘러 차례로 박을 터뜨리거나 군홧발로 짓밟았다. 아직도 피가 질질 흘러 얼굴을 적시는 학생, 혹은 이미 마른 피딱지가 머리에 엉겨 붙은 학생, 피투성이 손수건으로 출혈 부위를 눌러 지혈하느라 애쓰는 학생 등등. 두 손을 머리 위에 올린 채 떨고 있던 학생들이 다시 트럭에 실렸다. 빨리 오르라는 헌병의 불호령과 몽둥이에 쫓긴 포로들은 허겁지겁 올랐고, 차는 금방 만원이 돼서 더 실을 수가 없었다. 그러자 헌병 하나가 엎드린 포로들의 머리 위를 군화발로 짓밟고 다니며 걸어찼다. 남은 포로들은 짐짝이나 짐승처럼 겹겹이 실렸다.

군대생활은 정말 싫었다. 더구나 시위 막는 헌병 노릇이라니! 하루는 비상이 걸려 영외거주자 전원에게 소집 명령이 내려졌다. 우리 부대는 레슬링 선수 몇을 키우고 있었고 그들은 영외거주였다. 통신 사정이 열악하던 당시이기에 나는 노량진 쪽에 사는 선수 두 명에게 소집 명령을 전달하기 위해 밤중에 출장을 나왔다. 통금이 있던 시절, 교통이 끊긴 상황에서 터덜거리며 교당을 찾아 들었고, 나는 고산 님 방에서 잠자리를 얻었다. 너무나 고단하여 정신없이 자다가 새벽에 눈을 뜨니 내 머리맡에서 고산 님이 좌선을 하고 계셨다.

"잘 잤냐?"

좌선을 마친 고산 님은 빙그레 웃으시며 자애롭게 나를 내려다보셨다. 아마 어지간히 고단하게 잠이 들었나 보다. 조실부모하고 할아버지 손에 길러진 나는 할아버지를 다시 뵈온 듯 따스하게 느껴졌다.

"군대 생활 힘들쟈?"

군부독재 시절이기에 더구나 힘들었다. 의식 있는 젊은이들은 정신적 방황을 겪을 수밖에 없었다. 개성도 지성도 용납되지 않는 군대사회, 정권유지에 동원된 군사력의 무모한 폭력성에 갈등하던 나는 고산 님께 어리광하듯 말했다.

"상생相生을 말씀하지만, 용납할 수 없는 짓을 하는 사람을 미워하지 않기가 참 힘듭니다. 원불교인은 악인과도 사이좋게 지내야 하나요?"

고산 님은 다독이듯 말씀하셨다.

"그러게 그 일을 미워할지언정 그 사람은 미워하지 말라 하지 않더냐?"

불의, 폭력, 악행 등은 미워하되 그 죄를 저지르는 사람은 미워하지 않는다? 이 나이가 돼도 그게 쉽지 않지만, 누가 미워지면 나를 경책하는 데 있어 이 말씀은 아직도 생생하다.

〈종교계〉를 내실 때는 종사님의 심부름도 하고 가까이 모실 기회가 꽤 되었는데 정작 직업을 가지고는 그게 맘대로 안 되었다. 1984년 1월, 처산 김장권 교무님 종재에 참석하러 총부 간 길에 이리수양원 계신 고산님을 뵈러 가서 십 수 년 만에 가까이 모시고 말씀을 받들었다. 수양의 요령, 취사하는 법, 영혼이 몸 받는 내력 등. 원택 법사와 이홍 거사의 고사도 들려주셨다. 모시고 공양을 마친 후 길을 나서자니 문밖에서 한참을 간절히 배웅하셨다.

고산 님은 글씨도 잘 쓰셨지만 달마도를 잘 그리셨다. 고산 님의 앉은뱅이 탁상 위에는 눈썹과 수염을 달고 있는 오뚝이 형태의 목제 달마상이 늘 있었다. 내 아들놈을 보시면, 네 아버지는 대단한 학자시니라, 칭찬하시며 늘 아비를 존경하도록 나를 추어주셨다 한다. 그 애가 한번은 고산 님이 주셨다며 달마도 한 폭을 가져왔다. 표구를 해서 지금도 거실에 걸어두고 날마다 본다. 쏘는 눈빛에 굳게 다문 입, 코는 뭉툭하게 솟았고 구레나룻은 야성적이다. '呑吐乾坤 尋常茶飯(탄토건곤 심상다반)'이라 쓰시고 종사님이 즐겨 쓰시던 아호 '觀照'(관조)와 함께 낙관을 찍으셨다. "차 마시고 밥 먹듯 예사롭게 천지를 삼키고 뱉어라." 꿈틀거리는 성리의 장군죽비가 내 등때기를 후려친다.

生捲心天雲(생권심천운)
생전엔 마음하늘에 구름이 걷히고
死明性天月(사명성천월)
사후엔 성품하늘에 달이 밝도다
來塵世法高(내진세법고)
티끌세상에 오시매 법이 높으셨고
往彼岸德高(왕피안덕고)
피안으로 가시매 덕이 높으시도다

고산 이운권

고산 님은 1914년에 영광에서, 이형기 님과 신이경 님의 4남 2녀 중 차남으로 출생하였다. 어려서 조부로부터 한문을 배우기 시작하여 통감·명심보감을 수학하고, 영광공립보통학교를 졸업하였다. 15세에 학당을 개설하여 후배를 가르치기도 하였다. 도산 이동안, 응산 이완철 교무들의 조카로서 원기18년(1933) 20세에 입교하고 이내 출가하였다. 영산에서 정산 종사를 7년, 주산 종사를 3년 모시고 살면서 한학과 교학에 비약적 진전이 있었다고 한다. 서울출장소장, 감찰원장, 교정원장 등 요직을 역임하였다. 전쟁으로 휴간 중이던 〈원광〉을 복간하였고, 서울출장소장 시절에는 '종교·종교인의 공동광장'을 표방하고 종파를 초월한 대화의 장으로서 월간 〈종교계〉를 창간하며 이웃종교인들과 널리 사귀었다. 고경에 조예가 깊어 중용·금강경·도덕경의 해설을 묶어 《삼가정수三家精髓》를 저술하였다. 퇴직 후 수양원에 머물다가 원기75년(1990)에 세수 77세로 열반에 드니, 법랍이 57년에 법위는 출가위다. 원기 77년에 《고산종사문집》3권이 발간되었다.

7-〈용타원 서대인〉 편

베풀고 또 베풀되
짐 되기를 거부하셨다

　내가 용타원龍陀圓 서대인徐大仁 종사님을 처음으로 가까이 뵌 것은 원기61년(1976) 5월이었을 것이다. 평택교당을 창립하고 봉불식을 치르던 무렵이었다. 봉불식 후 딴 손님들은 거의 돌아갔지만 몇 분은 남아서 하루를 묵어가시지 않았던가 싶다. 당시 처음 단독 교무로 나오신 우리 교무님을 격려하기 위해 동기동창 되는 젊은 여자교무님들이 여러 분 남으셨고, 어른으로는 용타원 님이 남으셨던 것이다.
　내가 직장에서 돌아오는 길에 교당엘 가니 거실 겸 법당으로 쓰는 곳이 시끌벅적했다. 궁금해 문을 열고 보니 여자교무님들이 무슨 우스갯소리를 했는지 맘 놓고 까르르 웃는 판이었다. 두어 분은 벌렁 누워 있다가 나의 출현에 화들짝 놀라 일어났다. 불청

객이 나타나 판을 깨고 손님들을 놀라게 했구나 싶어 나는 얼른 문을 닫았다. 다시 부엌 쪽에서 무슨 소리가 나길래 부엌으로 들어갔다. 이때는 내가 집안 구석구석을 살피고 다니던 때인지라 부엌 드나드는 것이 조금도 거리낄 일이 없던 무렵이었다.

문을 열고 한 발 들이밀던 나는 움찔 놀랐다. 거기엔 용타원 님이 한쪽 수채 구멍 앞에서 무슨 걸레 같은 것을 손수 빨고 계셨던 것이다. 따져보니 당시 용타원 님은 63세, 이미 5년 전에 감찰원장까지 지내신 원로법사이셨던 것이다. 용타원 님은 자비스런 눈웃음으로 나를 반기시었다.

"법사님, 여기까지 오셔서 무슨 빨래를 손수 하십니까?"

"괜찮아요. 이 정도 일은 아무것도 아닌 걸."

용타원 님은 얼굴 가득 웃음을 띠며 걱정 말라는 손짓을 하셨다. 나는 불편하실 것 같아 곧 물러나왔다. 그런데 이 일이 한 동안 나를 언짢게 했다. 법당 바닥에 벌렁 누워 까르르 왁자지껄 웃고 있는 젊은 교무들과, 혼자 부엌바닥에 쪼그리고 앉아 빨랫감에 비누칠하며 손빨래를 하시는 원로교무, 내가 아는 한 이건 적어도 원불교 예법이 아니었다.

군에서 제대는 했지만 아직 갑호부대(동원예비군) 소속으로 군기가 살아 있던 내게는, 훈련소에서 기간병의 식판을 알아서 대신 씻어 놓지 않았다고 따귀를 맞고 걷어차이며 수모를 당한 기억이 아직 생생하였다. 나는 손윗사람의 그런 횡포에 분노와 역겨움을 속 깊이 간직하리만큼 권위주의에 저항심이 강한 인물이었다. 그러나 이건 차원이 다른 것이다. 원로법사에게 빨래를 시키고 고작 서른 살 안팎의 젊은 교무들은 맘 편히 웃고 놀다니! 나는 괘씸한 생각이 들었다. 여북하면 이런 군대식 꿈까지 꾸었다. "야, 이 철부지들아! 쫄짜들이 간덩이가 부어도 한참 부었어. 대선배 노인네한테 빨래를 시켜 놓고 젊은 너희는 앉고 누워 시시덕거려? 당장 집합! 종아리 걷고 한 줄로 서!" 이렇게 호통 치며 '줄빠따'를 치시는 대종사님 모습.

상당히 세월이 흐른 뒤지만, 내가 그 일을 잊을 수가 없어서 어느 중견교무에게 고자질을 하며 아직도 화가 난다고 했다. 그러자 그 교무님은 웃으며 말했다. "용타원 님은 원래 그런 분이라오. 젊은 교무들이 대신 하겠다고 왜 안 했겠소만 그 어른은 당신 일을 아랫사람에게 시키는 법이 없다네요." 나는 비로소 마음이 풀렸다. 그러면 그렇지! 돌아가신 대종사님까지 불러내어 하마터면 젊은 여자교무들한테 애매한 '줄빠따'를 맞힐 뻔했네. 나는 안도의 한숨이 절로 나왔다.

서울 도봉교당에 와서 지내는 동안, 교무님이 총부 가신 길에 용타원 님을 뵈면 우리 내외 안부를 꼭 챙기시더란 얘기를 전해 주시곤 했다. 그럼에도 철없고 정성이 부족한 나는 오래도록 어른을 찾아뵙지 못하고 지냈다. 그러다가 겨우 찾아뵌 것이, 확실한 기억으론 1991년 무렵이다. 내가 《소태산 박중빈의 문학세계》를 출판한 후 인편에 용타원 님에게 책 한 권을 증정하고 나서였다. 대종사 탄신 100주년 기념식 전후하여 총부를 간 김에 수도원에 계시던 용타원 님께 인사를 갔다. 정녀의 표상인 양 단정하신 모습에 언제나처럼 해맑은 얼굴, 자비하신 표정이 참 아름답다고 생각되었다. 아내는, 왜 용타원 님은 늙으실수록 더 예뻐지실까 그 점이 늘 궁금하다고 했지만, 실은 나도 같은 의문을 품었다. 화장품도 안 바르고 성형수술도 하셨을 리가 없는데 말이다.

"도봉교당에 가서도 주인노릇 하고 공부 잘들 한다니 고맙소. 더구나 이번에 대종사님 문학세계를 써서 효도 한번 잘 했더구먼."

그러신다고 내가 우쭐할 리도 없거니와, 여러 번 들어본 인사치레인지라 이번에도 그냥 립 서비스려니 하고 건성 들어 넘기려 했다. 그런데 그게 아니었다. 작별 인사를 드리고 나오려는데 바깥마당까지 따라 나와 배웅하시며 내게 금일봉을 챙겨 주시는 것이었다. 나야 당연히 펄쩍 뛰며 사양했지만, 귀한 책이라 그냥 받을 수가 없다는 말씀으로 설득하시며 굳이 내 손에 봉투를 쥐어주셨다. 열반 전에 한 번도 시봉금을 올린 기억이 없는 나로서는 지금 생각해도 많이 죄송스럽다. 젊은 사람이 열심히 하는 것을 격려하시려는 뜻이었겠지만, 당신이 할 수 있는 빨래를 후진에게 맡겨 시키지 않으셨듯이 남의 호의를 거저 받지 않으시려는 성미가 한 몫 거든 건 아닐까 하는 생각도 든다.

마음으로든 말로든 물질로든 힘이 있는 한 선후진에게 베푸시고, 어떤 부담이나 폐도 끼치지 않으려 하신 어른 용타원. 금품으로나 노역으로나 당신은 남에게 허투루 신세지지 않으려 하셨지만, 정작 당신은 남을 위해서 몸으로든 물질로든 아낌없이 베푸는 자비로운 분이셨다. 언젠가 자식놈이 학교에서 우리 집 가훈을 알아 오란다고 했을 때, 얼결에 나는「힘이 있으면 남을 돕자. 힘이 없더라도 남에게 폐는 끼치지 말자.」라고 불러 주었지만, 그나마 용타원 님을 빙자한 짝퉁소리였다.

구타원 이공주 종사 만년에 들은 이야기다. 용타원 님이 구타원 님 수발을 손수 하셨다 한다. 구타원 님께서 어느 누구보다 용타원 님의 시중 받는 것을 가장 편안해 하셨다고는 하지만 대단한 어른이라고 생각했다. 18년 연하이긴 해도 같이 늙어가는 처지가 아니던가. 구타원 님이 96세에 가셨으니 용타원 님도 팔순이 가까운 연세라 당장 내 몸도 추스르기 힘들 처지인데 말이다. 웬만하면 젊은 후배에게 미루고 나 몰라라 한들 누가 탓할 것인가. 그러나 노구를 이끌고 몸이 허락하는 한도까지 베푸는 삶을 거두지 않으신 어른이 그분이다. 뒤에 전하는 말인즉 용타원 님의 노년 생활표준 가운데 하나가「내게 당한 일은 남에게 의뢰하거나 의존하지 말고 할 수 있는 데까지는 내 힘으로 살자」이었다고 한다.

열반조차 후진에게 폐가 될까봐 그러셨는가? 4월 21일, 예언대로 춥지도 덥지도 않은 철을 택해 가시며, 행복하게 살다 떠나니 부디 열반을 축하해 달라 하신 어른이시다.

眞龍不可獲不可馴(진룡불가획불가순)
  진짜 용은 잡을 수도 없거니와 길들일 수도 없다

野龍不可使不可役(야룡불가사불가역)
야생 용은 부릴 수도 없거니와 일 시킬 수도 없다
但大雄獲馴而使役(단대웅획순이사역)
다만 대웅만이 잡아 길들이고 일 시킬 수 있다
大仁龍華會龍陀圓(대인용화회용타원)
크게 어질도다 용화회상의 용타원이시여

용타원 서대인

용타원 님은 1914년 전남 영광에서 서규석 님과 박경덕 님의 1남 7녀 중 5녀로 태어났다. 남존여비 사상에 찌든 삶에 불만을 가지고 성장하다가 사촌오빠 원산 서대원 교무로부터 불법연구회와 대종사에 대해 듣고 출가를 결심했다. 원기16년(1931), 꽃다운 나이 18세에 총부로 가니 대종사는 대인이란 법명을 주시고 하선에 참가시켰다. 이후 이동진화 교무를 따라 서울교당에 가서 공양원으로 출가생활을 시작하였고, 공양원 생활 중 틈을 내어 신교육도 받았다. 1941년에 공타원 조전권 교무를 모시고 초량교당 부교무로 교화를 시작하였다. 대종사 열반과 서대원 교무 열반 등의 아픔을 겪으며 성숙하여, 1948년 드디어 서울교당 교무로 부임했다. 거기서 6.25전쟁을 겪으며 생사를 가르는 숱한 어려움 속에서 법력을 키웠다. 총부 감사부장, 교육부장을 거치고 수위단원과 감찰원장에 이르렀으며 육영사업회 설립 등 많은 업적을 쌓았다. 원기 67년 퇴임 후 수도원을 토굴 삼아 적공하다가 2004년 91세로 열반하니 법랍이 72년, 법위는 여성 최초로 예비대각여래위에 사정되었다.

8-〈항타원 이경순〉 편

선후진을 알뜰히 보살피니
그릇도 크시네

내가 항타원恒陀圓 이경순李敬順 종사님을 처음이자 마지막으로 뵌 것은 1965년 대구에서였다. 나는 당시 논산훈련소에서 훈련을 마치고 경북 영천에서 후반기 교육(부관학교)을 받고 있었다. 논산서야 더 말할 것도 없지만 부관학교, 헌병학교, 정보학교, 경리학교 등이 모여 있던 영천 교육장에서도 교육생의 고달픔은 여전했다. 늘 배는 고팠고 자유가 그리웠다. 가보지 않아서 모르긴 하지만, 감옥이란 데가 이와 비슷한 생활환경이려니 유추하기도 했다. 어쩌다 교육장 안으로 젊은 여자가 나타나는 때가 없지 않았는데 몇 개월 만에 보는 여자가 그렇게 아름답고 신기해 보여서 너나없이 넋을 놓고 쳐다보기도 하던 시절이었.

거기서, 입대 후 처음으로 주말 외박을 받았다. 당일 외출도 해

보지 못한 처지에 꿈같은 외박이라니! 출옥하는 죄수처럼 감격하여 동료 한 사람과 한 조가 되어 일단 대구까지 갔는데 솔직히 갈 데가 없었다. 둘이서 해방감을 만끽하며 거리를 무작정 걷기도 하고 싸구려 음식을 걸신들린 것처럼 사먹기도 하다가 마침내 지쳐버렸다. 나는 이럴 때 대비하여 대구교당 주소를 가지고 있었다. 동행한 친구를 설득하여 대구교당을 찾아갔다. 불청객이지만 교도가 귀하던 시절이라 반갑게 맞아 주셨으니, 당시 대구교당엔 항타원 이경순 교무님이 주석하여 법풍을 불리고 계셨다. 이 어른이 바로 정산 종사의 외사촌형으로, 변산 시절에 대종사를 받들어 모신 훈산 이춘풍 선진의 따님, 자그마치 딸만 여덟 있는 집에 일곱째시란다.

따져 보니 그 무렵은 경북 출생인 항타원 님이 고향 경북 교화를 뜻하시고 지연을 바탕으로 대구교당을 창립하신 지 10년차 되는 해였다. 항타원 님이 바쁘시다 보니 우리 두 군바리는 주로 젊은 부교무 상대였지만, 이튿날 일요법회에 참석하여 항타원 님 설법을 받들었다.

항타원 님은 설법하시는 태도가 당당하셨고 언변은 유창하셨다. 모습은 깔끔하면서도 모난 데 없이 편안하여 돌아가신 할머니를 다시 만난 듯 친숙하기가 이를 데 없었다. 말씀은 권위적이지 않으면서도 장내를 압도하는 카리스마가 있는 달변이었다. 설법 내용이 전반적으로는 기억이 안 나지만 대강 이런 식이었다.

"제발 손톱 기르고 매니큐어 바르면서 그거 다듬느라고 시간 보내지 마시오. 대종사님께서 남자라면 수염에 불붙은 듯 여자라면 머리에 불붙은 듯 바쁘게 공부하라 하셨는데, 언제 그렇게 자질구레한 일로 세월아 네월아 할 것이오? 생사대사는 언제 해결하려고들 그러시는가. 사람이 세상에 나서 할 일 가운데 큰 일 두 가지가 무엇이라 하셨소? 그 하나는 정법의 스승을 만나 성불하는 일이요, 그 둘은 대도를 성취한 후에 중생을 건지는 일이라 하셨지. 얼굴 꾸미고 손톱 다듬느라 소중한 인생을 허비하기엔 너무 아깝지 않으냐 그 말이오." 내 옆에 앉은 젊은 여자 두 분이 서로 쳐다보며 얼굴을 붉히고 손을 감추었다. 곱게 화장한 얼굴이 꽤나 예뻐 보였다. 살그머니 치마 밑으로 손을 감추며 웃음을 참는 그 모습이 더 어여뺬다. 여자 얼굴 보기에 굶주렸던 판에 미녀를 봐서 그런지 나는 항타원 님에게 은근히 반발심이 생겼다. 교무님도 참 옛날 분이로구나. 여자가 얼굴도 예쁘게 꾸미고 손톱도 다듬어서 남자한테 잘 보이고 싶고 그런 거지, 그게 뭐가 나쁘단 말씀이야. 세상 여자들이 모두 정녀처럼 살아야 한다면 무슨 재미? 교도들 보고 모두 근엄한 수도승처럼 살라 하시니 교화가 될 턱이 있나, 젠장!

그런데도 교화가 잘 됐다니 이상한 노릇이다. 대구 15년 계시는 동안 서성로, 김천, 안동, 봉덕, 성주, 삼덕 등 눈부신 교화 실적을 쌓으셨단다. 내가 본 항타원은 참 선이 굵은 도인이요 여자 같지 않게 스케일이 커보였다. 그런데 후에 생각하니, 할머니나 어머니처럼 참으로 자상하고 여성답게 섬세한 일면도 있으셨다.

"큰 교무님이 이렇게 해드리라고 했어예."

젊은 부교무님은 우리 두 명의 초라한 이등병에게 먹을 것을 차려 주시고, 새로 개척하는 서성로 교당을 안내해 보여 주시는 등 마음 쓸 때마다, 항타원 님이 바쁘셔서 직접 못 챙기신다고 당신 보고 이러이러하게 챙기라 하셨다고 귀띔하였다. 11시 반쯤이나 됐을까, 우리 둘이 교무님의 시간을 마냥 빼앗을 수도 없는 처지에다 그것도 여자 교무님이고 보니 눈치가 보여 인사드리고 나왔다. 주머니가 텅 비었으니 달리 돈 쓰고 놀 일도 없고 그렇다고 이른 시각에 귀대하긴 억울하다. 별수 없이 귀대 시각까지 거리나 배회할 밖에 딱히 시간 보낼 수단이 없었다. 저녁밥이야 좀 일찍 들어가서 얻어먹으면 되련만 점심식사부터 해결할 방도가 막막하다. 작대기 하나 이등병 계급장 달고 굶으면서 후줄근하게 거리를 방황하는 모습은 상상하는 것만으로도 기운이 쭉 빠진다 싶은데 한 청년교도가 우리 뒤를 따라붙었다. "군대생활 힘들지예? 나랑 같이 가입시더!"

얼마 전 군에서 제대하여 복학했다는 그는, 동행하면서 우리에게 낯선 대구의 명소와 거리와 건물을 해설하고 안내하였다. 점심때가 되자 그는 우리를 자기 집으로 데리고 갔고, 미리 준비시킨 점심을 정성스럽게 대접하였다. 교육생인 이등병의 사정을 누구보다 잘 아는 그는 밥을 고봉으로 담아 주며 우리가 양껏 맘껏 먹도록 배려해 주었다. 군대생활을 앞서 한 선배로서 우리를 위로했고, 자기 경험을 이야기하며 따뜻한 조언도 해주었다. 이름은 모르고 성이 라씨羅氏였던 것만 기억하지만, 나는 지금까지도 그 고마움을 잊지 못하고 있다. 헤지면서 내가 고맙다는 인사를 하자 그는 이렇게 답했다.

"다 교무님 부탁이라예. 지야 뭐 압니꺼!"

그랬다. 드러내지 않으면서도 항타원 님은 처음 본 우리에게 끝까지 세심한 배려를 하셨던 것이다.

항타원 님은 교단 어른들에 대한 공경심이 극진하기로 소문났지만, 아울러 나이어린 간사나 학생들도 꼭 공경하였고, 잘나고 넉넉한 교도나 못나고 가난한 교도나 차별 없이 정성을 다하였다고 한다. 그리하여 출가나 재가나 그를 기억하는 모든 분들이 절로 존경과 애정을 느낀 어른이었다. "삿된 기운(邪氣)이 떨어진 사람이니 장차 관세음보살 같은 큰 도인이 될 것이다." 하신 대종사의 평가가 적중한 셈이다.

恭敬師長懇懇(공경사장간간)
스승과 어른을 공경함은 매우 간절했고
愛護後進細細(애호후진세세)
후진을 애호하기는 매우 자상하셨다
現世敎化津津(현세교화진진)
현세에는 교화를 진진하게 하셨거니와
來世濟衆密密(내세제중밀밀)
내세에는 중생 제도를 밀밀하게 하시리

항타원 이경순

항타원 님은 1915년 경북 금릉에서 훈산 이춘풍과 경타원 정삼리화의 8녀 중 7녀로 태어났다. 고종숙인 정산 종사 연원으로 일가가 일찍이 대종사께 귀의했고, 대종사 변산 시절 훈산은 선진들의 해상 왕래에 중간 기착지를 제공하고자 부안 종곡으로 이사하여 살기도 했다. 대종사 하산하시며 훈산에게 봉래정사 수호 책임을 맡기니, 이때 항타원은 어린 나이였음에도 아버지 따라 공붓길을 잡았다고 한다. 1929년 15세 나이에 총부로 와서 전무출신을 서원하니 대종사는 크게 기뻐하였다. 제사공장에 다니며 학자금을 마련한 후, 영산학원에서 정식으로 5년간 공부하여 교무자격을 얻으니, 1940년 서울교당 부교무로 시작하여 이듬해 개성교당 교무가 되었다. 이후 부산으로 옮겨 초량교당, 서면교당에서 봉직하면서 부산지방 교화가 크게 일어났다. 1956년부터 대구교당을 창립하여 경북 교화에 불을 당겼고, 다시 부산교당 교감 겸 교구장이 되어 부산지방 교세를 크게 발전시켰다. 39세에 이미 수위단원이 되신 항타원은 철저한 신심과 완숙한 인격과 능숙한 교화력을 두루 갖춘 보살로 교도들의 존경을 받으며 적공하다가 1978년, 64세로 열반하였다. 법랍 42년이었고, 법위는 출가위다.

9-〈양산 김중묵〉 편

사량계교 떨어진
무심 도인의 인과 법문

내가 양산養山 김중묵金中默 종사님을 처음 뵌 것이 언제인가는 생각이 나지 않는다. 20대에 서울교당에서였던 것도 같고, 30대 초반 천안교당에서였던 듯싶기도 하지만 자신이 없고, 늦어도 원기64년(1979) 2월 어느 분의 종재에서 모신 것만은 확실하다. 아무튼 예전에 유행하던 교리강습 아니면 특별법회나 종재식 등에서 여러 차례 뵌 것으로 기억된다. 삭발한 머리에 체구가 깡마르고 이목구비는 잘고 야무져서 신경질적이고 날카롭게 보였다. 언뜻 뵙기에 그다지 덕 있어 보이지는 않고 재주는 있어 보이니 첫인상인즉 중후함의 반대쪽, 죄송하지만 경박하지 않을까 싶었다. 그래서 대종사 님도「너는 재주가 많고 경솔한 데가 있으니 모든 일에 자중하고 묵묵한 공부를 해야 한다」고 야코를 죽이며 '무거울 중, 잠잠할 묵' 중묵重默이라 법명을 주셨으리라.

　내 기억으로 양산 님의 강연·설법 주제는 늘 인과 법문이다. 인과설은 중생들이 착하게 살라고 방편 삼아 부처님이 하신 말씀일 뿐이라고 가볍게 입을 놀렸다가 대종사님께 호된 꾸지람을 듣고 이때부터 인과를 본격적으로 탐구하여 인과진리 전도사로 변신했노란 사연을 덧붙이시기도 하였다. 덕분에 무거울 중重을 거두고 가운데 중 중묵中默으로 개명하게 되었다는 해명(?)도 더러 따라다녔다.

　양산 님의 인과 법문은 흥미가 진진했다. 콩 심은 데 콩 나고 팥 심은 데 팥 난다, 그런 따위 뻔한 법문이 아니라 구수하게 풀어 가시는 다양한 예화가 일품이었다. 삼세인과를 직접 본 듯이 몸소 겪은 듯이 말씀하시는데, 그 이야기를 넋 놓고 듣다보면 누구나 인과를 믿고 받아들이게끔 돼 있다. 그 예화라는 것이 불경 어느 구석에서 끄집어 낸 것 혹은 옛날 야담에서 가져온 것이 전혀 없다고는 못하지만, 모 대학교 설립자 박 아무개의 우여곡절 성공담이며 서울 아무데 사는 김 아무개의 기막힌 혼사 이야기 등 주로 실화를 가지고 자상하게 실감나게 엮어 가셨다. 몇 번을 들어도 그때마다 다른 이야기가 나오는 것을 보면 레퍼토리도 무궁하다. 그런 실화를 찾아 채록하는 수고도 일삼아 하였노라는 배경 설명도 따랐다. 전국 교당을 순회하며 아마 수백 차례나 이런 법문으로 법풍을 불렸으리라.

　그런데 양산 님에게는 종종 웃음을 자아내는 일화가 따라다녔다. 한복을 즐겨 입는 촌로답지 않게 테니스 같은 운동을 좋아하신다든가, 미국 다녀온 뒤론 노인네가 생뚱맞게 총부 구내에서 인라인스케이트를 타고 다니신다든가, 그런 건 약과다. 최소한 다음 에피소드쯤 돼야 명함을 내민다. 노상 꾸벅꾸벅 졸기를 잘하시는 이 어른이 한번은 익산서 임피로 결혼 주례를 서러 가시는 길에 버스 안에서 졸다가 군산까지 가셨고, 되짚어 임피로 오는 길에 또 졸아서 익산까지 오셨고, 다시 되짚어 임피에 가서 이번엔 제대로 내렸으나 이미 결혼식은 끝났더란다, 하는 식이다. 그런데 뭐니 뭐니 해도 가장 인기 있는 일화는 건망증 관련이다. 남의 종재에서 설법하기로 한 약속을 까맣게 잊어먹어 담당교무랑 상주를 골탕먹였더라든가, 어느 해 모 교당에 가서 여러 날 묵으며 강습을 나셨건만 거기 교무님이 두어 달 만에 찾아뵈오니 "자네가 어느 교당에 있더라?" 했다는, 그런 식이다.

그래도 이분이 당신 수행 일과를 철저히 관리하셨다든가, 어려운 동지와 이웃을 알뜰히 보살피셨다든가, 열반을 앞두고 동지나 후배에 대한 인사치레를 빠짐없이 챙기셨다든가 하는 식으로 반대되는 일면이 회자되기도 하니, 양산 님은 두 얼굴의 법사였던가 모를 일이다.

나도 사연이 있다. 몇 차례 인사도 드리고 내가 교도회장으로도 있던 도봉교당에선 모시고 공양도 두어 번 하였건만 총부 와서 뵈면 항상 초면이다. 나는 이 어른의 팬이 되어 법문은 물론 좋아했고, 강습차 교당에 오실 때에도 테니스 라켓을 가져와 아침 운동

을 하시더라든가 하는 취미에서부터 심지어 물오징어 삶아 초고
추장에 찍어 드시는 것을 좋아하신다든가 하는 식성까지 기억하
고, 남모르는 가족관계랑 개인사까지 알 만큼 알고 있었다. 그래
서 내 딴엔 그분을 각별히 친숙하게 생각하건만, 정작 그분에게
나는 노상 생면부지 취급을 당하니 적잖이 서운했다.

  열반하시던 핸가 싶은데 신정절 어름에 총부에 왔다가 반백년
기념관에서 법회를 보게 되었다. 원로님들이 돌아가며 릴레이 성
리법회에서 법설을 하시는 중이라는데 마침 그날이 양산 님 차례
였다. 양산 님은 법설에 앞서서 양해를 구했다. 당신이 위장병으
로 새벽이면 특히 고통이 심하여 대중과 함께 좌선하지 못하니 미
안하다는 것이었다. 무슨 법설을 하셨던가 생각나는 게 없고 그
말씀 하신 것만 기억에 남아 있다. 병약한 원로로서 대중과 새벽
좌선까지 거르지 않고 함께 할 일은 아니다 싶은데도 자신이 후진
들에게 수행 모범을 보이지 못하는 것을 부끄럽게 여기는 그 하심
下心이 가슴에 각인되어 있던가 보다.

  "종사님, 저 왔습니다."

  폐회 후 인사를 드리며 혹시나 하고 눈치를 살피니 역시나였다.
'자네가 누구더라?' 하는 표정이 역력하시다. 얼른 "도봉교당 이
경식입니다" 하니, 그제서야 겨우 알겠다는 듯이 "아, 개봉 교
당!" 하고는 보일 듯 말 듯 고개를 두어 번 끄덕이셨다. 나는 정정
해드리지 않고 열없게 웃기만 했다.

  "시봉금 드린 적이 없지? 그러게 기억 못 하시는 거야."

어떤 동지가 농담인지 진담인지 귀띔을 한다. 그러고 보니 먹고 살기 바빠서 시봉금 한 번을 드린 적이 없다. 참 미안하다 싶어 다음번엔 약소하나마 시봉금을 챙기리라 마음먹었다. 그러던 끝에 마침 총부 갈 일이 생겨서 봉투 하나를 준비하여 갔다. 시봉금 안 드려서 나를 모른 척하셨으랴만 그래도 마음 내켰을 때 실천하자 싶었던 것이다. 그런데 아차! 소식도 모르고 간 것이지만, 총부는 초상 중이었다. 양산 님이 전날 새벽 열반에 드신 것이다. 준비해 간 봉투는 조의금이 되었다. 그 새를 못 기다리시다니, 나는 영정 앞에 절하고 맘속으로 심통을 부렸다.

"종사님! 개봉 교당이 아니라 도봉 교당, 이경식이 시봉금 분명히 드렸습니다. 다음 생엔 시봉금 안 드렸다고 저를 모른 체한다거나 안 그러시집니다. 출가위씩이나 오르신 분이 돈 가지고 사람 차별하면 쓰간디요?"

스승이 몰라주고 동지가 몰라주고 그래서 섭섭할 때가 왜 없겠는가. 기왕이면 서로서로 챙겨주고 정을 나누는 것이 바람직할 것이다. 그러나 그것이 어찌 계교할 일인가. 내가 가르침을 잘 받들면 그게 정통 제자지, 스승이 알아 줘야 좋아하고 못 챙기면 삐치는 제자라면 이건 어목魚目(가짜)이다.

靜保任不生不滅(정보임불생불멸)
정하면 불생불멸에 보림하시고
動說法因果報應(동설법인과보응)

동하면 인과보응을 설법하시다
師傅種業果妙法(사부종업과묘법)
스승님이 인과법문으로 씨뿌리시니
衆生穫無量慧福(중생확무량혜복)
중생은 무량혜복으로 거둬들이다

양산 김중묵

양산 님은 1920년 전북 김제에서 김정덕 님과 박공리화 님의 6남 2녀 중 차남으로 태어났다. 6세경부터 한문을 배우기 시작하여 유교 경전을 깊이 공부하였으나 10세경부터 생사문제에 의심이 걸렸다. 불법에 그 해답이 있음을 깨닫고 출가할 뜻을 키우다가 12세에 늦깎이로 초등학교에 입학하여 신교육을 받았다. 졸업하자 입산출가를 단행, 여러 사찰을 다녔으나 귀의할 스승을 찾지 못해 애썼다. 그러던 중 불법연구회를 소개받아 원기25년(1940) 마침내 총부로 와서 대종사를 만났다. 처음엔 궂은 일로 여러 해를 보내며 불평 없이 근무하다가 유일학림(원광대 전신) 2기생이 되어 본격적인 공부를 하며 특히 삼세인과에 대한 연구를 많이 하였다. 졸업 후 화해, 남원, 익산 교당 교무와 총부 교화부장, 총무부장 등으로 봉직하고 1972년부터는 순교감으로 전국 교당을 누비며 법풍을 일으켰다. 1979년 대표저서 《인과의 세계》를 발간하였다. 1998년 열반하니, 세수 79세에 법랍은 56년이고 법위는 출가위다. 2002년에 추모문집 《크게 한 바퀴 돌아가는데》가 나왔다.

10-〈범산 이공전〉 편

교서 결집 주역이자
일원문학의 마중물

내가 범산凡山 이공전李空田 종사님을 처음 뵌 것은 원기48년 (1963) 무렵 서울교당에서였을 것이다. 교우회 문예부장으로 있던 당시, 회지를 내면서 표지 제자題字에 붓으로 '원우圓友'란 글씨를 교무님께 부탁했던 일이 가장 확실한 기억이다. 삭발한 머리에 일원상처럼 동그란 면상은 말할 것도 없고 이목구비에 안경과 이름조차도 모두 동글동글하시었다. 인품은 또 얼마나 둥그신지 모난 구석이라고는 눈을 씻고 보려도 찾지 못할 분이니, 나는 원불교에서 가장 잘 쓰는 '원만구족'이란 말의 살아 있는 현현顯現인 듯 느꼈다.

당시 법회마다 부르던 교우회가(성가 22장)는 곡도 좋지만 「깊고도 도타운 영산의 옛 인연 어울려 또 여기 우리들 모였다…」 이렇게 시작되는 그 노랫말이 좋았는데 그것을 지은 분이 범산 님이었다. 문학도였던 나는 범산 님이 남달리 보였다. 그 무렵 〈원광〉은 월간도 계간도 아니고 무슨 무크mook 지誌처럼 잊을 만하면 나왔는데, 거기에 실렸던 범산 님의 시「하섬 새벽 별은/씻긴 듯 영롱하다//불타가야 숲 사이로/그 별빛도 저랬던가//해마다 아쉬운 별아/ 내게는 언제 그 별이 될래」(원광44, 하도 성도절)란 작품이 참 매혹적이었다. 나도 덩달아 〈원광〉에 글을 발표하기도 하였고, 〈종교계〉나 일간지 등에도 종교적 주제의 글을 실었다. 한번은 성가 가사 모집이 대대적으로 있었는데 수십 편을 써서 응모하였더니 겨우 두 작품이 뽑혔다. 적이 실망스러웠다. 그나마 범산 님의 손질을 거쳐서야 채택되었지만 분수 모르고 우쭐거리던 시절 얘기로, 생각하면 지금도 절로 미소를 짓게 된다. 그런 기억 때문인지 훗날에도 범산 님은 나를 만나면 성가 가사를 지어보라고 권유하셨는데 그 당부를 받들 만큼 역량을 쌓지도 못하고 실적도 없어서 부끄럽다.

이렇다 할 학력學歷도 없고 체계적 문학수업도 받을 기회가 없었으련만 시가며 문장이며 어찌 그렇게 탁월한 능력을 갖출 수 있었는지 수수께끼다.

"어른들이 전부터 그러셨었지. 내가 정산 종사의 할아버지 되시는 송훈동 어르신의 후신이라고. 그분이 정산 종사 따라 영산으로 오셨잖은가."

글쎄, 그 어른이 닦은 학문을 오롯이 받아 나오셔서 생이지지하셨는가는 모를 일이로되, 송 아무개 교무님이 또 구산 송벽조 선진의 후신이라고도 하니, 결국 혈연이든 법연이든 이 회상에 와서 살다가 가고는 때맞추어 다시 모이기를 거듭하는가. 범산 님의 시 〈운수의 정〉처럼 '3천년을 더듬는 영산회상 운형수제'가 실감난다.

어쨌건 내가 원불교문학에 깊은 관심을 가지고 글을 쓰고 책을 내고 했던 에너지의 상당량은 범산 님의 자극으로부터 온 것이 틀림없을 듯하다. 그래서 대종사 탄신 100돌 기념으로 《소태산 박중빈의 문학세계》를 낼 때 나는 두 번도 생각지 않고 범산님께 서문을 부탁드렸었다.

1987년 범산님은 당신의 글을 모아 《범범록凡凡錄》이란 이름으로 문집을 내셨다. 그 중에는 젊은 날에 쓴 일기, 지인들에게서 받은 편지 등도 실려 있었다. 그런데 일기문 가운데 나의 주목을 끄는 것이 있었다. 「원기 39년 11월 4일. 삼타원 최도화 선생, 자택에서 참혹한 열반.」 박사시화, 장적조 두 분과 더불어 3대 여걸로 칭송받던 최도화 대호법, 71세 노령에 참혹하게 살해된 삼타원의 열반은 충격적이었다. 정산 종사께서도 '전북회상과 서울회상의 총연원'으로 평가한 어른이 아니던가. 이런 공덕에도 불고하고 참혹한 죽음을 맞다니 인과가 있긴 있는 것인가?

원불교 만나 정신, 육신, 물질로 공덕을 쌓은 교도들이 가지가지 불행을 겪는 일이 헤아릴 수 없이 많은 것은 왜냐. 복 지으라고 꼬드기는 말은 다 교세를 불리기 위한 감언이설이더란 말인가.

기독교 구약에도 그런 의문을 다룬 〈욥기〉라는 것이 있는 것을 보면, 예나 이제나 어느 교파를 막론하고 신도들의 이유 있는 항의에 시달리며 그들을 달랠 논리를 개발하느라고 꽤나 고심했던 모양이다.

"종사님, 전부터 궁금했는데 여쭤 볼 일이 있습니다."

"뭔데?"

"범범록에 보면 삼타원 최도화 할머니가 참혹한 열반을 당하셨다 했는데, 왜 어떻게 참혹했습니까?"

"아, 그거! 정산 종사님이 내리신 향촉을 받들고 가봉께 흉기에 여러 번 찔려서 시신이 끔찍허더란 말이여."

"누가 왜 그랬을까요?"

"그 어른이 가족과도 떨어져 혼자 살고 있었는데 강도가 들었던 거라."

범산 님은 지나가는 말투로 당신이 유추한 바를 말씀하셨다. 삼타원의 성격이 여간내기가 아니었다는 것, 가족과 사이가 덜 좋아 따로 사신 것도 그렇거니와 강도가 들면 가져가고 싶은 것 가져가게 내버려 두면 될 것을 그 성미에 고분고분 내주지 않았을 것이란 것, 저항이 완강하다 보니 당황한 강도가 수없이 난자하는 짓을 저질렀을 것이란 얘기다. 그 날 낮 마침 삼타원이 소 한 마리와 콩 두 가마를 장에 내다 팔았다 하니 강도 침입의 배경을 알 만도 하다.

그 성격이니까 그만한 공로를 세웠거니와 또 그 성격이니까 그렇게 죽지 않을 수 없는 것, 참으로 아이러니하지만 이것도 진리다. 물론 정업이야 따로 있었겠지만 말이다. 대종사께서「부처님의 능력으로도 정업을 상쇄하지는 못한다」하셨지만, 복과 죄가 상쇄되지 않는다는 것, 안타까운 일이지만 어쩌랴.

"그런데 자네, 나 박카스 한 병 사다 주게!"

"박카스요? 네, 알겠습니다."

이 어른이 밤이면 익산 골목 술집에서 종종 곡차를 즐기신다는 소문은 들었지만, 박카스는 또 뭐냐 싶은데, 일요일이라 약방마다 문을 닫아서 한참을 헤맨 끝에 박카스를 두 병 사다 드렸다. 그런데 기다려도 바로 잡숫지는 않는다.

"난 법회에서 말하기 전에 박카스를 한 병씩 마시고 해. 안 그러면 기운이 달린당께."

아하! 카페인 중독이신가? 추궁하니, 평소엔 아니고 법설 때만 그러신단다. 이후 나도 어디 가서 강의할 때 박카스를 마시고 해 보니 효과가 있었다. 지금도 나는 그 요법을 요긴하게 쓰고 있다.

2008년 6월 27일, 또 궁금한 일이 있어 원로수양원으로 범산 님을 찾아갔다. 나를 얼른 못 알아보셨다. 두어 번 내 소개를 하니 그제서야 반가워하시며 미안하다고 변명을 하신다.

"내가 눈이 어두워져서 요새 사람을 잘 못 알아보네. 귀도 어둡고…"

나는 인사를 드리고 나서 곧 본론을 꺼냈다.

"혹시 정산 종사 모실 때, 〈원각가〉 말고 다른 가사작품을 쓰셨단 말씀 못 들으셨습니까?"

"못 들었어. 왜 그래?"

"새로 발굴된 초기 가사 중에 〈몽각가〉 등 몇 작품은 대종사님이 손수 지으신 것으로 보이는데, 다만 〈지로가〉란 게 미심쩍습니다. 혹시 정산 종사가 지으신 게 아닌가 의심이 가서요."

"정산 종사가 내게는 세세한 것도 숨기지 않고 다 얘기했는데 〈원각가〉 외에 다른 가사를 쓰셨다는 말씀은 없었네. 〈지로가〉 그런 걸 지었다면 나한테 말씀 안 하셨을 리가 없제."

종사님을 모시고 식사 한 번을 대접한 일도 없지만, 이렇게 아쉬운 대목을 만나면 묻고 부탁했다. 그날도 빈손으로 찾아뵈었다. 마침 시자에게, 방문 앞에 심을 작은 나무 한 그루를 알아보라고 당부하신다. 문을 열어 놓은 채 내복 바람으로 있을 때도 있는데 지나다니는 여자들이 있어 난처하시단다. 나는 이때다 싶어 작은 돈이나마 시자에게 쥐어 주며 나무를 구하라고 부탁했다. 낯이야 뜨겁지만 조금이나마 미안한 마음이 덜렸다.

靈山凡山佛聖緣(영산범산불성연)
영산의 범산은 부처님 인연 만났고
荷島凡山結集功(하도범산결집공)
하섬의 범산은 교서 결집 공 세웠고
益山凡山傳法勞(익산범산전법로)
익산의 범산은 법 전하느라 수고하니

天下凡山天上樂(천하범산천상락)
천하의 범산이 천상의 낙을 누리셨네

범산 이공전

범산 님은 1927년 영광에서 한산 이호춘 님과 재타원 김장신갑 님의 4남매 중 장남으로 태어났다. 일산 이재철, 도산 이동안, 응산 이완철, 고산 이운권 등 쟁쟁한 집안어른들이 계시다 보니 숙명적으로 우리 회상에 입신하였다. 돌도 되기 전에 할머니 등에 업혀 대종사를 뵙고 법명을 받은 이래, 원기 25년(1940) 14세 어린 나이에 정산 종사를 따라 총부에 와서 대종사를 만난 것이 곧 출가로 이어졌다. 학식과 문장력이 출중하여 경전 결집의 적임자로 뽑히니, 정산 종사의 명을 받아 정화사를 설립하고 온갖 정성을 기울였다. 1962년에 《원불교교전》(정전 대종경 합본)을 발간함으로써 역사적 업적을 이루었고, 이어서 불조요경과 예전, 성가 등 7대 교서를 엮어냈다. 〈원불교신보〉(원불교신문 전신)와 〈원광〉 등 언론의 창달, 원광선원과 하섬수양원 등 개척, 사적지보호사업과 문화사업, 종교협의회 창립 등 숱한 사업장에서 남다른 공로를 쌓았다. 수십 편의 성가 가사를 비롯한 시가와 문장을 지으며 탁월한 공적을 이룩했다. 동진출가 후 정남으로 일관하면서 수위단원을 지내고 종사위에 올랐다. 2013년 열반에 드시니 세수 87세에 법랍 73년 1개월, 법위는 출가위다.

제3장

마주해도
그리운 얼굴들이여

- 승타원 송영봉 편
- 법타원 김이현 편
- 처산 김장권 편
- 이산 박정훈 편
- 항산 김인철 편

11-〈승타원 송영봉〉편

어머니라 부르고 싶었던 자애로운 모성상

내가 승타원承陀圓 송영봉宋靈鳳 종사님을 처음 만난 것은 원기48년(1963) 봄, 서울교당에서였다. 대학생활에 뜻을 잃고 입주 가정교사로 노량진에 머물던 시절, 전차로 한강로를 달릴 때면 동편으로 아주 잠깐씩 보이던 사찰 건물이 인상적이었다. 큰길 옆에는 화강암 돌기둥에 '원불교서울지부'라 음각한 검은 글씨가 보였고, 그 글씨 위에 그려진 일원상이 인상적이었다. 한번 들어가 보고 싶다고 생각은 하면서도 정작 실행에 옮기지는 못했다.

1963년 1월에 나는 전북 삼례 사시던 고모님 댁을 방문하게 되었는데, 역에서 빠져나와 걷다가 길을 잘못 들었다. 이 길이 아니지(?) 하면서도 나는 터덜터덜 걸었고 그 길목에서 '원불교삼례지부' 간판을 발견하였다. 여기서 팔산 김광선 선진의 손녀 김대관 교무님을 만났고 소태산대종사의 진영을 처음 대했다. 교무님은 대종사란 분이 홀로 닦아 진리를 깨친 부처라는 것과, 원불교교전이 간결하지만 팔만대장경의 진리를 다 갖추고 있다고 설명했다. 나는 한 마디로 어이가 없었다. 웬 이름도 없이 살다간 평범한 인물을 감히 석가모니부처님과 동급으로 대우하는가. 하기야 그런 환상에 사로잡혀 맹신을 하다 보니 멀쩡한 처자가 시집갈 생각도 않고 저렇게 살고 있겠지. 그들이 안됐다고 생각하면서도 호기심에, 팔만대장경의 진리가 다 들어 있다고 허풍(?)을 떤, 예의 그 책 《원불교교전》을 한 권 사가지고 나왔다. 그리고 거듭 독파하였다.

 이후 나는 서울지부를 찾아갔고, 그때 만난 분이 송영봉 교무님이었다. 나는 승타원 님을 연원으로 하여 입교한 뒤, 교무님께 원불교의 역사부터 교리까지 무던히도 묻고 따지며 괴롭혀 드린 것 같다. 교무님은 선머슴 같은 나 한 사람을 위해 교사敎史를 통째로 이야기해 주셨고, 귀찮은 문답을 사양치 않으셨다. 참으로 왕성한 발심이었다. 세상을 차지한 듯 기쁨에 열광하기도 하고 혹은 회의를 못 이겨 절망하기도 하던 시절이다. 내가 힘들어 할 때 교무님은 굳이 논쟁하여 이기려 하지 않고 지긋이 기다려 주셨다. 불법에 대한 허상을 깨치고 소태산 대종사에게서 부처의 진면목을 발견하면서 나는 구도의 열정에 몸이 달아올랐다. 마침내 나는 출가만이 내 삶의 의미라고 확신하게 되었다.

 나는 부모가 일찍 돌아가셔서 할아버지 손에 컸다. 계조모가 계시기는 했지만, 나의 장래를 결정하는 데는 할아버지의 결심이 절대적이었다. 나는 나의 출가에 있어서 가장 장애가 되는 것은 할아버지의 반대라고 단정하였다. 나는 날마다 출가서원을 다졌고 밤마다 고민하였다. 서원이 굳어질수록 고민도 커져서 나는 그야말로 밥맛을 잃고 잠을 못 이루는 상황까지 나아갔다. 그러나 나는 숭타원 님을 비롯하여 그 누구와도 상담할 생각은 하지 않았다. 괜히 말만 앞세웠다가 좌절될 경우 신의 없는 사람으로 취급될 것이 두려웠던 것이다.

나는 마침내 조부 설득하기 마스터플랜을 짰다. 우선 원불교 회상에 대해 이해시켜 드리기, 다음엔 원불교 교법의 우수성 알리기, 그리고 원불교 제도와 출가 의미를 설명하여 거부감 줄이기, 마지막으로 단호한 출가 선언. 그래도 끝내 반대하시면 어떡하지? 헤르만 헷세의 《싯다르타》에서 주인공이, 출가를 반대하는 아버지와의 기싸움 끝에 마침내 허락을 받아내던 불퇴전의 구도심을 생각했다. 누군들 가족 반대 없이 출가하랴 싶었다. 고심 끝에 나는 단식투쟁이란 작전 계획을 세웠다. 내가 죽기로써 출가를 고집한다면 할아버지라고 어쩌시랴. 그것은 설득 플랜이기보다 협박을 통하여 굴복을 강요하는 플랜이었다.

나는 시골로 내려가서 할아버지를 뵙고 계획을 하나하나 실행했다. 마지막으로 출가 선언을 하기 전날 밤, 나는 밤새 잠을 못 이루고 몸을 뒤척이며 고민했다. 그리고 다시 한 번 전의를 다지면서 거듭 '단식투쟁'을 다짐했다. 그런데 정작 내 일생일대의 결단을 듣고 난 할아버지의 반응은 의외로 담담했다. "그래, 너 좋을 대로 하려무나."

 투쟁이랄 것도 없는 기권승이었다. 나는 온몸의 긴장이 쫙 풀리면서 몸도 마음도 풀썩 가라앉았다. 여섯 살에 어미 잃고 여덟 살에 아비마저 잃은 2대 독자를 혼자 키우시다시피 하신 분. 나는 출가하면 당연히 정남으로 살리라고 결심했기 때문에 할아버지의 허락이 어떤 의미를 가지는지 너무 잘 알고 있었다. 허락이 떨어진 후에서야 나는 비로소 나의 출가 후를 고민하기 시작하였다. 재산도 없고 생활능력도 없는 고령의 할아버지, 그 시봉을 누가 어떻게 할 것인가? 부모 대신 나를 이만큼 키워주신 할아버지에 대한 보은을 어찌 할 것인가? 중학생 사춘기 시절의 사건이 생각났다. 그때 무슨 일로 나는 할아버지의 완강한 반대에 부딪혀 좌절하고 있었다. 나는 "차라리 절에 들어가서 중이 돼 버리겠어요!"라고 소리 질렀다. 물론 그럴 생각이 있어서는 아니었고 그냥 홧김에 한 소리였다. 그러자 할아버지는 갑자기 기가 꺾이더니 울음을 터뜨리시었다. "이놈아 네가 중이 되면 할애비는 어찌 살라고 그런 소릴 하냐?"

 다시 서울로 올라오는 버스 안에서 나는 출가 서원에 따른 일련의 갈등이 한갓 해프닝이었음을 깨달았다. 교당에선 나의 출가 결심부터 포기까지 아무도 몰랐다. 폭풍같이 몰아쳤던 자신과의 대결에서 열병 같은 사투를 벌였건만 겉에 드러난 흔적은 하나도 없었다.

어머니를 일찍 여의고 얼굴조차 기억이 희미하던 나는 승타원 님에게서 어머니의 모습을 찾고 있었다. 승타원 님은 또 그렇게 따뜻이 나를 보듬어 주셨다. 그분 앞에서 나는 자꾸 퇴행을 겪게 되었고, 그래서 수줍은 소년으로 뒷걸음치고 있었다. 승타원 님은 그 무렵 위장병이 심해서 입원하셨지만 숫기 없는 나는 문병을 못 갔다. 그러나 금식하면서 수술을 받으신다는 소식만으로도 마음이 아팠던 나는 숨어서 혼자 울었다.

승타원 님은 정산 종사의 큰따님이시다. 내가 입교하기 전해에 정산 종사는 열반에 드셨지만, 수척한 모습으로 분향소를 지키고 있는 영봉·순봉 자매분의 사진을 보았을 때도 가슴 에이는 슬픔이 전율처럼 전해졌다. 공인이시기에 다정하게 "아버지!"라고 불러보지도 못했다는 회한을 전해 들었을 때도 복받치는 슬픔을 공유했다. 내상內傷은 깊되 내색內色할 줄 모르던 갓스물 '소년'의 마음을 교무님은 얼마나 읽고 계셨을까.

훗날 승타원 님이 미국교화의 가능성을 타진하러 떠나실 때 일이다. 상당수의 환송객이 김포공항까지 배웅하러 나갔는데, 승타원 님은 당신 타신 승용차에 재가교도 가운데선 오직 나만을 동승시키고 가셨다. 가시는 중에도 나에게 점심을 못 먹이고 데려왔다고 두어 번이나 걱정하시는 자상한 마음씨를 보이셨다. 철부지 아이를 두고 가는 엄마처럼 맘 안 놓이시었나 본데, 지금 생각하면 참 과분한 사랑이었다.

정산 종사는 익산에 머무시며 부인 여청운 님을 영산에서 독수

공방하게 하셨다. 하늘을 봐야 별을 딴다고 자녀가 생길 리 없었다. 소태산 대종사께서, 부부란 그런 것이 아니니 네 처에게 가봐라, 강권하시니 마지못해 가서 결혼 16년 만에 겨우 얻은 첫 열매가 이 따님이시다. 대종사께서는 '영산에서 봉황을 얻었다'는 의미로 영봉靈鳳이라 법명을 주셨다 한다. 내 법호가 봉산鳳山인데 이도 우연이 아닌 듯하여 부끄럽지만 흐뭇하다. 또한 좌절된 출가의 꿈에도 아쉬움만 있는 것은 아니다.

2009년 가을, 처와 아들, 며느리, 손자까지 삼대가 수양원 계신 승타원 님을 찾아뵈었다. 두 돌도 안 된 손자더러 종사님께 인사를 드리라 하니, 합장을 하고 90도로 굽혀 깍듯이 예를 했다. 종사님께서 그렇게 좋아하셨다. 손자가 이 인연으로 평생 대종사 법을 받들고 살았으면 좋겠다.

身出家心出家最上(신출가심출가최상)
몸 출가 마음 출가 가장 높고요
身在家心出家次善(신재가심출가차선)
몸 재가 마음 출가 다음 좋아요
身出家心在家不可(신출가심재가불가)
몸 출가 마음 재가 옳지 못하고
身在家心在家亦否(신재가심재가역부)
몸 재가 마음 재가 또한 아니죠

승타원 송영봉

승타원 님은 1927년 영광에서 정산 송규 종사와 중타원 여청운 종사의 장녀로 태어났다. 일가가 모두 신앙심 깊은 환경에서 성장하여 원기27년(1942) 16세로 출가하였고, 일제말의 곤궁함과 한국전쟁의 살벌함을 극복하면서 법력은 무럭무럭 커 갔다. 운봉교당, 서울교당, 동산교당, 원남교당 등에서 법풍을 불리며 사업도 성취하였다. 특히, 전쟁 후 빨치산이 출몰하던 지리산 자락 운봉교당에서 이룩한 청소년 교화의 성공담이며, 초대교무로 간 원남교당에서 교화 대박을 터뜨리고 교당신축을 해낸 일 등은 이미 전설이 되었다. 해외교화의 뜻을 품고 1975년에 뉴욕교당 교감으로 나서니 미주 교화의 개척자가 되었다. 20년 동안 미국 내 많은 연원교당을 개척하고 러시아 교화까지 손을 뻗치는 등 해외교화의 결실을 거두고 미주동부교구장으로 퇴임. 귀국하여 원로교무로서 순회설법을 하며 여생을 마무리하는 중이다. 수위단원 역임하고 종사위에 올랐다.

12-⟨법타원 김이현⟩ 편

방편도 가지가지
자비로운 보살마하살

내가 법타원法陀圓 김이현金理玄 종사님을 처음 뵌 것은 원기48년 (1963) 종로교당 계실 때였으나, 가까이 뵙기는 1970년 무렵이었을 것이다. 처음 뵌 얼굴은 편편 넓적하여 별로 애교 있거나 세련돼 보이지는 않았지만, 표정은 자비롭고 목소리는 부드러워 세상 누구라도 보듬어 안을 듯한 분이었다. 당시 법타원 님은 안양교당을 일구어 후진에 인계하고 수원 개척에 나선 처지였다. 수원시 고등동 여염집에 원불교 간판을 달고, 대청마루에 붙은 안방과 건넌방의 장지문을 터놓고 법회를 보았는데 초창기 교당치고도 참 초라했다. 같잖게 보였던지 한번은 전도부인들이 막무가내로 들어와 예수 믿으라고 강권하더라는 얘기를 하셨다. "그 사람들 참 예의를 너무 모르더군! 내가 교회 찾아가서 목사님한테 원불교 믿으라고 떼쓰는 것과 뭐가 다르겠어?" 웃기는 하셨지만 꽤나 난감하셨던 모양이다.

그러나 법타원 님의 인품과 법력은 입소문으로 동네방네 알려져 예횟날이면 장소가 비좁아 고충을 겪을 만큼 교세가 불어났다. 나는 그때 평택에 있으면서 시외버스를 타고 다녔는데, 한번은 법회를 끝내고 버스를 타러 가던 길에 함께 법회를 본 분이 동행을 하게 되었다. 여자 중노인이었는데 그분은 내게 이런 하소연을 했다. "난 천주교를 오래 믿은 사람입니다. 그동안 교무님 인품이 좋고 법설이 좋아서 원불교에 다녔는데 아무래도 다시 성당으로 가야 할까 봐요." "교무님 인품이나 법설이 좋다면서 왜 그러십니까?" "신앙이란 게 그게 아닙니다. 법회에 나올 때마다 하느님한테 죄송하고, 꼭 무슨 천벌이라도 내릴 것처럼 불안한데 어쩌겠어요?" "……"

정말 할 말이 없었다. 내가, 천주교가 원불교보다 열등하다거나 철지난 종교라고 설득하려 든다면 이거야말로 이웃 종교에 대한 예의가 아니다. 나는 종교와 신앙의 개념이 혼란스러웠다. 그러잖아도 나는 이미 신앙문과 수행문을 놓고 종종 갈등을 겪고 있었다. 내가 가진 과학적 지식은 사후의 세상이라든가 기도의 위력이라든가 하는 데 끝없이 의문을 갖게 했다. 저런 부인네들을 홀려서 사후를 대비하는 면죄부를 팔고 천국행 티켓을 파는 것이 신앙 아닐까. 착하고 바르게 살라든가, 인격을 닦아서 진정한 행복을 얻자든가, 그런 수행 차원에서라면 좋다. 그러나 신앙이란 것은 비과학이요 미신과 오십보백보 아닌가? 이 무렵 나는 유명한 영국 철학자 버트란트 러셀의《나는 왜 기독교인이 아닌가?》같은 책을 탐독하며 종교를 논리적으로 설명하려고 애쓰고 있었다.

불공이니 기도니 하는 것이 정말 효과가 있는 걸까? 솔직히 말해서 교무님들이라고 과연 불가사의한 진리의 위력을 믿기는 하는 걸까? 왼손잡이 법타원 님은 진짜로 믿는 듯했다. 그런데 좀 합리적인 것 같지가 않았다. 큰 교당 마련하는 방법으로, 흉가를 싸게 사들여서 해코지하는 귀신을 천도하고 새 집을 지을 궁리를 하시는 꿍꿍이(?)가 엿보이기도 했다. 우리가 처음으로 내 집 마련을 해서 보여 드렸더니 풍수쟁이처럼 좌향을 보고 어쩌고 하시더니 남쪽이 막혔으니 거기다 창호를 내야 가족이 좋을 것이라는 점괘(?)를 내놓기도 하셨다. 계조모가 노환으로 돌아가셔서 재를 모시는데 향로 위에다 소지燒紙를 하여 재를 공중으로 날리면서 중얼중얼하시더니, 할머니 영가가 착심 없이 떠났다며 고개를 끄덕거리기도 하셨다.

하긴 계조모가 자식도 친척도 없이 떠돌던 홀가분한 분이니 이승에 집착을 둘 것이 없긴 했다. 또, 편지로까지 채근하시는 바람에 벽을 터서 남쪽으로 창호를 내니 밝은 빛이 들어오고 통풍도 잘 되어 안방은 물론 마루까지 쾌적해진 것도 맞다. 그리고 수원 교당이 고등동 작은 민가를 팔고 교동 지금의 명당자리로 옮겨온 것은 또 뭐냐. 그 집은 군 고급장교가 목매달아 죽은 흉가라서 아무도 거들떠보지 않는 것을 싸구려로 사들이고 그 자리에 지은 것이니 그것도 적중했다.

　1975년 다섯 살짜리 작은아들이, 제 엄마가 끓는 물을 방금 퍼 놓은 큰 대야에 텀벙 빠지는 끔찍한 사고를 당했다. 병원에선 화상 부위가 너무 넓어 사흘 안에 쇼크사를 면치 못할 것이라 했다. 눈, 코, 입만 빼고 온몸을 붕대로 칭칭 감았는데 벗겨진 피부에서 끝없이 진물이 흘러나와 붕대를 적셨다. 병원에 들어선 나를 보자 아버지를 부르며 애처롭게 울부짖는 자식의 모습을 보는 순간 가슴이 찢어졌다. 자식을 낳은 것, 결혼한 것까지 후회가 되었다. 누가 시켰으랴만, 집에 돌아온 나는 사흘 동안 물만 먹으며 기도했다. 내 수명을 덜어서라도, 아니 내 생명과 바꿔서라도 그 애를 살려 주소서. 매일 천 배를 하고 독경을 하면서 절절히 빌었다.

　겉으로는 눈물 한 방울도 흘리지 않았지만, 나는 종일 가슴으로 울었고 꿈에서도 울었다. 집에서 병원으로 가면서는 그 사이에 죽지 않았을까 두려움에 떨었고, 병원에서 집으로 오면서는 죽은 애를 포대기에 싸서 대문을 들어서는 상상을 백번 천번 하면서 치를 떨었다. 사흘째 기도를 드리고 병원으로 달려갔을 때 기적이 일어났다. 벗겨진 피부로 흐르던 체액이 멎고 드디어 소변을 보기 시작했다는 것이다. 소변을 보니 이제 살았다는 것이다. 화상은 놀랄 정도로 빨리 회복이 되어갔고, 일주일 만에 퇴원시킬 수 있었다.

　신앙이 없으면 윤리나 철학은 될지언정 종교가 아니다. 신앙은 기도의 위력으로 체험된다. 그러나 기도의 위력은 결코 거저 오지 않는다. 일백 골절이 다 힘이 쓰이고 일천 정성이 다 사무쳐야 된다.(교의품 16) 그나마도 어떤 것은 지칠 만큼 참으며 때를 기다려야 온다.

원기98년 5월 23일 법타원 님이 열반하셨단 소식을 듣고 이튿날 총부로 달려갔다. 액자 안에서 잔잔하게 웃으시는 모습이 그렇게 평화롭고 더 이상 자비로울 수가 없다. 좌산상사 오셔서 조상하시고 고인이 얼마나 스승과 법을 잘 받들고, 상구보리와 하화중생 양면에서 얼마나 적공하셨는가를 전설처럼 전하며 추도하신다.

꼭 3개월 전인 2월 23일, 편찮으시단 소식을 듣고 아내와 함께 정화수도원으로 종사님을 찾아뵙던 일이 생각난다. 아이처럼 자그맣게 쪼그라지신 몸이건만 자비로운 성안에 웃음을 가득 띠시며 우리를 반기셨다. 의료진의 출현으로, 큰절 올리고 시봉금을 챙겨드린 후 아쉽게 떠나왔는데, 다음 달에 역사박물관에서 내게 감사의 인사장이 왔다. 짐작이 되지만 확인하려 박물관에 전화해 보니, 법타원 종사님이 우리 내외 이름으로 대종사 유품 복제사업에 쓰라고 성금을 보내셨다는 것이다.

대종사탄백에 내가 《소태산 박중빈의 문학세계》(1991)를 냈을 때 "대종사님께 효를 했구먼!" 하고 좋아하시더니, 지난해 졸저 《원불교의 문학세계》(2012)를 보내드리자 병중에도 손수 전화를 하셔서 "대종사님과 스승님들께 큰 효를 했어!" 하고 칭찬해 주셨다. 그러나 대종사님이나 스승님께 효를 하기로야 법타원 님 만하기가 어찌 쉬우랴.

그런데 염치없는 말이지만 나는 법타원 님께 빚 받을 게 있다. 수원교당 계실 때 어쩐 일인지 내게 서예 작품을 하나 받아다 주시겠다고 자청하셨다. 나는 메모지에 원하는 글귀 하나를 써드렸다. '하늘우콰 하늘아래 나섇尊호라', 이것은 월인석보(2:40)에 있는 글로 '천상천하유아독존天上天下唯我獨尊'의 번역인 것이다. 웬일로 법타원 님은 나와의 약속을 지키지 않으셨다. 아마 어쩌다 잊으셨는가 싶다. 각서도 증인도 없것다, 나도 빚 갚으시라고 채근하진 않았다. 이제 나는 법타원 님의 영정을 보며 속으로 회심의 미소를 짓는다. "종사님, 제가 내생에라도 이 빚은 꼭 받아내고야 말 겁니다. 비상비비상천까지라도 추적할 것이니 행여 빠져나갈 궁리는 마세요."

知法不如好法(지법불여호법)
법을 앎이 법을 좋아함만 못하고
好法不如樂法(호법불여낙법)
법을 좋아함은 법을 즐김만 못하지
法法又法無法(법법우법무법)
법을 법하고 또 법 없음도 법하니
天上天下總法(천산천하총법)
천상천하 온 우주가 다 법이라네

법타원 김이현

법타원 김이현 교무는 원기15년 (1930) 전북 정읍에서 용산 김석규 대봉도와 영타원 신법현 대호법의 1남 5녀 중 막내딸로 태어났다. 대종사와 특별한 인연이 있는 집안으로 아버지와 언니 범타원 김지현 종사가 출가하면서 자연스레 원불교로 인도되었다. 여고 졸업 후 평소부터 꿈을 키우던 교육사업과 자선사업에 종사하면서 현실과 이상의 괴리감에서 방황하던 끝에 24세에 원광대에 입학하며 전무출신의 길에 나섰다. 구타원 종사와 대산 종사를 가까이 모시며 신성과 공심을 굳게 다지게 되었고 진정한 전무출신의 길이 무엇인가를 깨닫게 되었다. 종로교당, 안양교당, 수원교당 등에 주석하며 수도권에서 획기적 교화 성과를 거두었다. 이후 1982년 교화부로 자리를 옮기어 6년간 부장으로서 전국에 유아기관 설립과 어린이 교화에 큰 성과를 거두고, 삼동청소년회 설립 등 청소년과 대학생 교화에도 공을 세웠다. 73년 중앙훈련원장으로 중도훈련원 신축 등의 업적을 이루었다. 2013년 열반하시니 세수는 84세요, 법랍은 60년 2개월, 법위는 출가위다.

13-〈처산 김장권〉 편

의욕은 장하시나
아깝게 꺾인 도인

내가 처산處山 김장권金壯權 교무를 처음 만난 것은 원기51년 (1966), 그분이 춘천교당에 계실 때였다. 나는 군에서 제대하여 처음 직장으로 춘천고등학교 교사 발령을 받았던 터였다. 당시 춘천교당은 강원도 첫 교당으로서 곤궁하게 셋방살이를 하고 있었지만, 나는 처산님의 가르침 따라 새벽 좌선에도 꼬박꼬박 나가며 교당생활에 재미를 붙였다. 그러나 오래지 않아 내가 전근으로 춘천을 떠나면서 처산 님과는 일단 아쉬운 작별을 하였는데 훗날 직장을 경기도 평택으로 옮기고 나서 또 처산님을 만나게 된다. 당시 평택에는 교당이 없어서 나는 아내와 함께 서울교당, 수원교당을 거쳐 천안교당에 나가고 있었다.

천안교당 조경련 교무님은 겨우겨우 셋방 교당을 지키며 참 간

고한 생활을 하고 계셨지만 불평 없이 교화에 매진하셨다. 신심이 있을 턱이 없는데도 마지못해 '하늘같은 남편'을 따라 교당을 다니던 아내가 이 교무님을 보면서 교무에 대한 인식이 무척 달라졌다. 부엌엘 들어가 보니 식생활의 절약이 상상을 초월하더란다. 또 빨래를 개어드리다가 보니 하도 여러 번 빨아서 내복에 구멍이 숭숭 났더란다. 아내도 허구헌 날 콩나물과 김치만 먹고, 시집올 때 해온 유행 지난 옷만 입던 처지지만 교무님의 눈물겨운 절약정신을 보고는 끔찍이 감동한 눈치였다. 시외버스를 타고 터미널에서 내려 다시 시내버스를 타고 교당에 다니던 아내가 내게 이렇게 제안했다. "우리 시내버스 타지 말고 걸어가요. 차비라도 아끼면 교무님 계란이라도 한 줄 사다드릴 수 있지 않아요?" 마침내 아내에게 신심이 일고 있었다. 그러던 차에 처산 님이 수원교당에 부임하신 것이다.

처산 님은 나를 보자, 너 잘 만났다 하는 듯이 나보고 평택에 교당을 세우자고 꼬드기셨다. "교도도 없는데 어떻게 교당을 세워요?" "물고기가 먼저 있어서만 방죽을 파간디? 웅덩이를 파놓으면 없던 고기가 생기기도 하고 딴 데 있던 고기가 모여 들기도 하는 법이오." 나는 빚을 얻어 겨우 내 집 마련의 꿈을 이룬 처지에 아이는 이미 형제나 두고 있었기에 근근이 먹고사는 처지였다. 그래도 원불교 얘기라면 워낙 귀가 얇았다. 평택에서 수원이나 천안까지 다니기가 수월찮은 터에 평택에 교당이 선다는 것은 생각만으로도 꿈같은 일이었다. 아! 이때 처산 님의 꼬드김에 넘어

간, 이 대책 없는 가장이 얼결에 평택교당 창립에 동의하고 나서 얼마나 고통 받고 얼마나 후회를 해야 했는지! (이렇게 말하면 그나마 몇 푼어치도 안 되는 공덕이 날아갈 텐데 내가 왜 이러지?)

우선 처산 님을 격주로 모시고 출장법회를 보기 시작하였다. 1975년이었다. 이듬해 1월, 수원교당의 도움을 받고 내 재력(?)을 총동원하여, 폐기된 수리조합 건물을 전세로 얻었다. 마당에 텃밭에 대청마루가 넓어서 얻긴 했지만, 이 낡은 건물을 수리하느라 엄청 고생하였다. 온갖 쓰레기를 치우고 리모델링을 하고 칠과 도배를 하고… 일이 한도 끝도 없었다. 기술자 동원하고 일꾼 사서 하면 좋으련만 비용 아끼느라 몸으로 때운 일이 많았다. 겨우 수리를 마치고 나니 곧 오신다던 교무님 발령이 안 났다. 그 사이 마음고생은 수리 때문에 하던 고생과는 또 비교가 안 됐다.

겨우 말끔하게 수리를 마친 집에 주인이 살지 않는다는 걸 눈치챈 넝마주이들이 허술한 대문을 넘어 수시로 드나들며 물건을 집어 가는데 난감하기가 짝이 없었다. 말이 넝마주이이지 반 도둑이어서 돈 될 만한 것이라면 있는 대로 떼어가고 주워 가는 판이었다. 특히 철물이 인기여서 연탄아궁이 철제 뚜껑은 뜯어 가면 새로 사 놓고, 사 놓으면 다시 뜯어 가고, 또 사 놓고 그러면 또 뜯어 가는 숨바꼭질을 몇 차례나 했다. 하는 수 없이 처산 님이 추천한 독신남자 교도 한 분에게 부탁하여 집을 지키게 했다. 그러자 이번엔 조석으로 이분 밥을 해먹여야 하는 아내가 죽을 맛이었.

겨우 4월에 교무님이 오시니 이제 한숨 돌렸다 싶었는데, 웬걸!

이제부터가 죽을 맛이다. 나름대로 교화에 몸 바치다 이제 고인이 되신 분에게 누가 되는 말은 할 짓이 아니지만, 이분은 경기도 사람들이 원불교를 어떻게 바라보는지 전혀 모르는 분이었다. 당시 그들에게 원불교는 이름조차 듣도 보도 못한 단체였고, 고작해야 전라도 개똥쇠들이 믿는 유사종교였다. 가구나 생활 용품에 대한 미적 안목이 각별한 이분은 초라한 교당 살림살이에 불만을 숨기지 않았다. 새내기 교무님은 장밋빛 꿈을 안고 처음 나온 교화현장에서 심한 갈등을 겪고 있었다. 게다가 교당에서 자취를 하는 것이 아니라 끼니때마다 우리 집에 와서 식사를 하시는 것이다. 처음에는 어설퍼서 그러시나 보다 하고 없는 반찬에 정성스레 식사 준비를 하던 아내는 끝내 스트레스가 폭발했다. 천안 교무님과는 달라도 너무 달라. 나 이렇게는 못 살아! 겨우 신심이 붙는다 싶었는데 난감하기가 이를 데 없었다.

봉불식 날이 되었다. 이래저래 몸고생 마음고생에 말 못할 사연이 누적되어 누가 조금만 건드려도 울음이 터질 것만 같았다. 아니나 다를까 정문에서 하객 맞이를 하다가 천안 교무님이 나타나자 우리 내외가 그만 동시에 울음을 터뜨리고 말았다. 참 못 말리는 부부였다.

교당 창립 후 평택을 떠나기까지 겪은 고통은 말하기도 싫지만, 맛보기로 두 가지만 하고 가자. 하나는 빈집 지켜주던 교도님이 그 후로도 우리 집을 종종 찾아와 숙식을 하며 취직을 시켜달라고 보채는 데야 참으로 미칠 노릇이다. 비빌 언덕 하나 잘 만났다는 투였는데 견디다 못해 싫은 소릴 하니 서운하다며 떠났다. 또 한 번은 지방 교도라는 어떤 젊은이가 찾아왔는데 자기가 평택에 취업하고 있다며 우리 집을 드나들었다. 교도라면 지푸라기라도 잡던 처지라 반갑게 대해주었더니 내가 근무하는 학교에 무슨 공사를 따게 해달라고 통사정이다. 내 평생 이권 청탁 같은 것은 죽어도 할 줄 모르는 꽁생원이지만, 애송이 평교사가 그때 무슨 힘으로 학교에다 영향력을 행사한다는 말인가. 그는 공사를 따게 안 해 주었다고 서운하다며 역시 교당을 떠났다.

그뿐이랴! 믿으니 처산 님이요 하소연할 분도 처산 님인데 그나마 이분이 교당 창립 1년 만에 수원을 떠나 서울 필동교당(중구교당)으로 자리를 옮기셨다. 겨우 하신 말씀이 이랬다. "정산 종사 말씀에, 교당 하나 만들면 삼세 업장이 다 녹는다고 했응게 잘 해 보소."

그 후 필동교당을 찾아 인사를 드릴 때였다. 내가 검정고시출신이라 고졸 학력學歷으로 고등학교 교사를 하는 콤플렉스랑, 학문에 대한 열망뿐으로 나이만 먹어가는 조바심이랑 고백을 했다. 처산 님은 "길이 있겠지. 예로부터 사십에 문장 난다는 말이 있응게 너무 걱정 마소." 하고 다독이셨다. 안됐다 싶으니까 위로 삼아 하시는 말씀이려니 생각하면서도 적잖이 위안이 되었다.

평택교당 창립 3년을 지내자 드디어 내게 다시 학업을 시작할 기회가 왔다. 야간대학에 들어갔고, 나는 나이 사십에 겨우 학사가 되었다. 나는 거기서 멈추지 않고 석·박사과정까지 죽어라고 달렸다. 드디어 학위논문이 통과되었을 때 나는, 처산님이 계시다면 누구보다도 기뻐하셨을 것이란 생각이 들었다. 이미 고인이 된 그분이 몹시 그리웠다. 초혼招魂하여 대화한다면 어땠을까?

"내가 뭐랬소? 사십에 문장 난다고 혔지!" "교무님, 사십이 아니라 저는 벌써 마흔 여섯인걸요. 문장이란 호칭도 과하고 그냥 논문 하나 쓴 건데요 뭘!" "이경식 박사! 여기서 말하는 사십이란 말은 사십대란 뜻이오. 그리고 문장이란 게 어디 그냥 글 솜씨나 좀 있다는 뜻이간디?" "그건 그렇다 치고, 평택 교당 만들던 일 생각하면 지금도 끔찍합니다. 교당 창립 그거 못할 짓입니다." "그런 소리 마소. 달랑 고등학교 졸업장 하나 가지고 끙끙대던 훈장이 한 달음에 박사가 됐는데, 그런 기적이 거저 일어난 줄 아시오? 그게 바로 삼세 업장을 녹인 교당 창립 공덕인 줄이나 아소!"

　　我去去又我來來(아거거우아래래)
　　나는 가고 가지만 나는 또 오고 오리라
　　汝亦去又汝亦來(여역거우여역래)
　　너 또한 가고 가지만 너도 또 오고 오겠지
　　我去時鳶飛戾天(아거시연비려천)
　　내가 갈 때 솔개가 하늘 높이 날았듯이
　　汝來時魚躍于淵(여래시어약우연)
　　네가 올 때도 물고기는 연못에서 뛰리라
　　※鳶飛戾天 魚躍于淵은 시경에 나오는 구절임

처산 김장권

처산 님은 원기16년(1931)에 영광에서 김종언 님과 이종업화 님을 어버이로 하여 태어났다. 다산 김근수 종사님과 형제간이다. 1949년, 19세에 아버지 연원으로 신흥교당에서 입교하고 곧 출가하였다. 작달막한 키에 숱이 많은 머리를 항상 단정히 빗고 인자하게 웃는 신사였다. 그러나 법설은 목소리에 힘이 넘쳤고, 늘 교화사업에 의욕을 불태웠다. 평소 성품이 온화 소박하여 따르는 후학들이 많았으며 특히 교의해석에 있어서는 조리가 정연하여 듣는 이로 하여금 감명을 받게 했다. 춘천교당, 수원교당, 중구교당 등에서 주임교무로 근무하다가 신병으로 물러나 중앙훈련원으로 임지를 옮기었다. 이후 2년여를 두고 치료와 요양에 힘썼으나 병마를 극복하지 못하고, 1984년 54세의 아까운 나이에 열반하였다. 법랍은 36년에 법위는 법강항마위다. 장남이 김인종 교무(원광보건대 총장)다.

14-〈이산 박정훈〉 편

무겁고 대범하나
정도 많고 자상하시더니

　내가 이산耳山 박정훈朴正薰 종사를 처음 뵌 것이 언제였던가는 기억에 없다. 원기68년(1983) 평택교당이 신축봉불식을 하는 자리에, 1975년 창립 때 내가 주인 노릇을 했다고 하여 초대를 받았다. 이때 이산 님이 교화부 순교감으로 참석하셨다. 아마 지면이나 대중집회에서 뵌 것이 아니라 가까이 대면하여 뵙기는 그때가 처음이 아니었나 싶다. 무슨 대화를 한 기억은 없고, 행사 후 총부로 귀환하실 때, 내가 버스터미널까지 모시고 가서 차표를 사 드린 기억만은 또렷하다. 그 후 몇 차례 총부나 서울에서 뵈었는데 무릎을 마주할 친밀한 자리는 아니었다. 말씀을 받든 기억 중 인상 깊은 것 하나가 있다. 서울회관에서 가진 대중법회에서 종사님이 정산종사를 모시던 일화를 들려주시면서 눈물을 흘리시는

데 듣던 나도 얼마나 절실하든지 복받치는 눈물을 주체하기 힘들었다.

그러던 중 내가 학위를 받은 1989년 봄에 총부에서 전화를 주셨다. 나의 박사학위 취득을 축하하신다면서 글씨를 주시겠다고 하셨다. 어떤 문구를 써줄 것인가 물으시기에 교무님 좋으실 대로 하시라고, 어떤 것이라도 주시기만 하면 고맙게 받겠노라고 답했더니 '龍飛鳳舞'(용비봉무)라고 써 보내셨다. 용이 날고 봉새가 춤을 춘다! 이걸 받아보고 나는 섬뜩할 정도로 놀랐다. 어쩌면 이렇게 절묘한 성어成語를 찾아내셨는가.

내가 쓴 학위논문이 한국문학 속에 들어 있는 용사상에 관한 것이니, 그때까지 용을 테마로 한 학위논문을 쓴 이는 내가 처음이었다. '용비'는 그걸 축하하면서 주역의 '飛龍在天'(비룡재천)에 근거하여 과분한 뜻을 보여주신 것이요, '봉무'는 내 법호가 봉산鳳山이니 성인의 상징인 봉새처럼 성불제중의 큰 꿈을 이루라는 뜻이리라. 꼬리를 치며 하늘로 오르는 용과 날갯죽지를 들썩이며 춤을 추는 봉이 붓끝에서 꿈틀거리는 필세를 응시하노라면 이산님이 얼마나 혼신의 에너지를 실어 휘호하셨는가를 알만했다. 낙관에는 이산裡山이란 법호 외에 원곡圓谷이란 아호를 쓰셨다. 종사님은 그때 표구 값까지 같이 보내주셨는데 표구하러 가서 또 한 번 놀랐다. 보내주신 표구 값이 남지도 모자라지도 않게 꼭 맞았던 것이다.

고등학교장으로 있던 시절엔 교장실에 이 액자를 걸어놓았다.

마침 기공氣功 하는 분이 와서 엘로드L-Rod를 들이대고 교장실을 한 바퀴 돌더니 바로 이 글씨에서 가장 센 기가 반응한다고 했다. 얼마나 근거가 있는지 모르나 예사롭지는 않아 보였다. 퇴직 후엔 이 글씨를 서재에 걸어두고, 서재 이름도 용봉재龍鳳齋라 일컬으며 벗 삼고 있다.

같은 해에 이산 님은 《한울안 한 이치에》 증보판도 내게 보내주시었는데 속표지에는 단정한 모필 글씨로 '이혜화 박사 혜존, 박정훈 근정'이라 친필사인까지 하셨다. '혜존'이니 '근정'이니 하는 용어가 황송하기도 하고 감사하기도 했다. 아시다시피 이 책은 이산 님이 시자로서 모시던 정산 종사의 법문과 일화를 모은 책으로 교도들 사이에 애독되는 명저이지만, 나도 이 책의 내용이 워낙 소중하고 재미조차 진진하여 두고두고 여러 번을 읽었다. 그 후로도 《정산종사전》을 비롯하여 당신 책을 보내주시고 나도 책을 낼 때마다 챙겨드리긴 했다. 2000년에 서울교구장으로 오셨고, 이해는 정산 종사 탄생100주년이기도 했다. 서울교구에서는 탄백 행사로 음악·무용·시를 묶는 총체극〈달아 노피곰 돋으샤〉를 국립극장 해오름극장에서 3회에 걸쳐 공연했다. 그 대본을 내가 썼는데 이때 종사님의 저서나 증언이 많은 도움이 된 것은 말할 나위도 없다.

이산 종사라면, 넉넉하고 부대하신 덩치에 늘 웃음을 띠신 자비로운 상호로 기억할 분도 있고, 진즉 일가를 이룬 서예로써 한자든 한글이든 교당마다 종사님 글씨가 안 걸린 곳이 없으니 붓글씨로 기억할 분도 있을 것이다. 또는 부드럽고 구수한 목소리에 교리 강습하는 교당의 초청을 받아 방방곡곡을 누비시며 법흥을 북돋우던 달변의 법사로 기억할 분도 있고, 그밖에도 정산종사 관련 저술가로 혹은 수행정진의 대덕으로 기억할 분도 있을 것이다. 그런데 나는 엉뚱한 면에서 또 하나의 종사님 상을 기억하고 있다.

서울교구장으로 오시고 나서 일이다. 한번은 내가 교구교화협의회던가 그런 모임의 위원으로 위촉되었던 적이 있다. 늘 권력이나 행정의 중심으로부터 일정한 거리를 띄워두고 주변이나 겉도는 것에 익숙한 내게 그런 자리는 부담스러웠다. 아무튼 야간 모임이 회관에서 소집되어 참석하였다. 이산 교구장님을 모셔 놓고 건산 최준명 님이 의장이 되어 협의를 진행하였는데 이산 님은 시종 눈을 지그시 감고 계셨다. 자질구레한 논의를 끝내고 나자 이제 쉽게 말을 꺼내기도 어려운 묵직한 의제가 남았으니 바로 서울교구청 건축 문제였다. 논의는 진척이 안 되고 답답하기 이를 데 없는 판에, 잠을 주무시는지 선을 하시는지 태평스레 눈만 감고 계신 교구장님이 미웠던가 건산 님의 인내심이 폭발했다.

"아, 교구장님! 뭐라고 말씀 좀 해 보세요."

그러자 이산 님은 눈을 뜨고 빙긋이 웃으시더니 도로 눈을 감고 만다. 모두들 무슨 큰 거 한 방—탁월한 지침이나 방향 제시 같은 걸 기대했던 위원들은 속으로 가만히 한숨을 쉬었으리라. 괜히 혼자 발끈한 꼴이 된 건산 님은 이내 체념하시고, 아무 일 없던 듯 다시 사회를 진행하셨다. 이 일이 있은 후 나는 이산 님에게 적잖이 실망했다. 무능한 건가, 무책임한 건가? 수도 서울의 교구장이라면 발이 안 보이게 뛰며 현안 사업을 추진하고, 없는 일도 만들어서 해야 되는 것 아닌가?

그래서 이런 이산 님의 스타일을 이해하는 데는 시간이 필요했다. 안 하는 것 같으나 하시고, 무능한 듯하나 유능하시니, 그것이 곧 정산 종사의 '有爲爲無爲'(함 없음에 근원하여 함 있음을 이룸)란 게송 구절을 실천하신 것 아닌가 싶기도 하다. 각종 기관의 장을 맡아서 무난히 업무를 수행하시며 문화교화, 방송교화, 복지 등 각 분야에서 소리 없이 성과를 내신 것도 그런 덕이 뒷받침된 때문이리라. 대산 종사의 법설 중에「여래의 만능을 갖추려면 무능으로써 능한 것을 온전히 하여 전능이 되고 만능이 되는 것이다」하신 것에 고개를 끄덕인 것도 같은 이유에서였다.

2013년 6월 21일 열반에 드셨는데 발인까지 끝난 24일에서야 열반소식을 접했다. 가슴이 무겁고 목에 무엇이 턱 걸리는 느낌이었다. 죄송스럽고 안쓰럽다. 자식들 일로 불편한 처지가 돼버렸기에 생전에 찾아뵙고 싶어도 그렇게 못했지만, 이산 님과 나와의 인연은 정말 그게 아니었다. 종사님이 내게 베풀어주신 사랑을 생각하면 나는 너무나 무심했다 싶어 마음 아프다. 일찍이 1990년에 이산 님이 〈일원상서원문〉을 병풍용으로 정성스레 쓰셔서 내게 보내셨다. 여덟 폭 병풍으로 표구하였다. 명절 때마다 펼쳐놓고 보노라면 고맙고 또 고맙다. 앞으로는 고마운 마음 말고도 따로 슬픈 정을 감출 수가 없을 것 같다.

 善緣惡緣皆由業(선연악연개유업)
 좋은 인연 낮은 인연이 다 업 때문이다
 起緣滅緣亦由業(기연멸연역유업)
 인연이 생기고 사라지는 것도 또한 업 때문이리
 師與我緣必有故(사여아연필유고)
 종사님과 나와의 인연은 틀림없이 연고가 있으니
 來生法緣必無絶(내생법연필무절)
 아무쪼록 내생에도 법연만은 끊지 마소서

이산 박정훈

이산 님은 1934년 전북 남원에서, 박영화 님과 김성수 님의 6남매 중 6대 종손의 외아들로 출생하였다. 원기38년(1953) 훈타원 양도신 종사의 연원으로 남원교당에서 입교했고, 이듬해 바로 전무출신을 서원하였다. 1957년 정화사 주사를 시작으로 1960년에는 종법실에서 근무하며 만년의 정산 종사를 모셨다. 이후 교정원의 각부 과장을 거쳐 교화부와 훈련부의 부장으로 봉직하고, 대중친화적 설법으로 인기가 높아 순교감으로 전국 교당을 순회하며 초청법사로 활동하였다. 1991년에 전북교구장, 2000년엔 서울교구장 등을 역임했다. 법문을 붓글씨로 써서 교당과 기관은 물론 교도들에게 널리 보급하여 서예교화의 지평을 열기도 했다. 1988년 이래 3선 정수위단원으로 활동했으며 2000년에 종사 법훈을 수훈했다. 2003년 퇴임 후 노후 수양에 전념하다가 2013년 열반에 드니 세수가 80세, 법랍은 59년 3개월, 법위는 출가위다.

15-〈항산 김인철〉 편

외유내강으로 적공하신 눈푸른 법사

내가 항산亢山 김인철金仁喆 종사를 처음 뵌 것이 언제인지는 기억에 없지만, 내가 평택에 있으면서 수원교당(교무 김장권) 연원으로 평택교당을 창립할 때 가까이 뵌 기억은 꽤 선명하다. 때는 원기61년(1976) 봄이었다. 봉불식을 준비하던 무렵인가 싶은데 당시 총무부장으로 계시던 항산 님이 사전 점검 차 평택에 오셨다. 교당에서 일을 마치신 후 저녁 식사까지 함께하고 나서 나는 항산 님을 우리 집까지 모시고 왔다. 거리가 제법 되는데 모시고 걸어오면서 총부 소식이랑 몇 가지를 화제 삼아 대화를 나누었다. 그 중 기억이 나는 것이 하나 있다. "총무부에서 하시는 일은 무엇입니까?" 하고 내가 여쭈었고, 항산 님은 늘 그렇듯 나지막하고 조심스러운 목소리로 자상하게 설명을 해 주셨다. 인사가 총무부의 중요한 기능 중 하나라고 말씀하신 것이 기억에 남아 있다.

집에 모시고 와서 잠자리를 보아 드렸다. 당시 나는 빚을 지고 집을 산 처지라서 여분 방을 세놓고 있다 보니 골방 같은 좁은 방에 항산 님을 모시지 않을 수 없었다. 참 죄송했다. 이튿날 기침 후 세숫물을 떠다 드리고 아내가 공손히 수건을 받쳐 올렸다. 그런데 깨끗한 수건을 드린다고 한 번도 쓰지 않은 새 수건을 올렸는데 나중에 알고 보니 이 수건의 질이 별로여서 얼굴에 보풀이 묻어나는 것이었다. 또 한 번 죄송했다. 조반 때가 되었다. 아내는 비록 소찬이나마 정성껏 아침밥을 장만하였다. 그러나 종사님은 뜻밖에도 식사를 사양하셨다. 평소에 조반을 하지 않으신다는 것이었다. 아내와 나는 당황했다. 조반을 안 하신다는 말씀이 정말인지 우리에게 부담을 안 주시려고 하시는 말씀인지 알 수 없었다. 그럴 리는 없지만 조반 준비가 부실하여 거절하시나 싶어 여간 민망한 것이 아니었다. 아무튼 또 한 번 죄송했다. 그래도 조반을 안 하고 가신 게 영 찜찜했는데 훗날 처산 김장권 교무님도 아침밥을 안 드신다는 것을 알았다. 원시불교에서부터 불가의 수행 풍속에 '오후불식'(정오 이후에는 식사를 하지 않는다)이 있다는 이야기는 들었지만 원불교는 '오전불식'이더란 말인가. 어쨌건 항산 님께 손수 지은 밥 한 끼 대접하지 못한 아내는 이후로도 퍽 아쉬워하였다.

항산 님이 교정원장으로 계실 때 몇 번 뵈었다. 특히 소태산 탄신100주년 행사를 전후하여 종사님을 뵐 기회가 여러 차례 있었던 것으로 기억한다. 뵐 때마다 한결같은 느낌은 외유내강이란 단어였다. 100주년 행사를 3년 앞둔 1988년, 올림픽으로 들떠 있던 해에 고려대 대학원에서 내 박사논문이 통과되었다. 학위를 얻고 처음 한 작업은 소태산대종사의 문학작품을 연구하여 저서를 내는 일이었다. 당시 내가 다니던 도봉교당 이선조 교무님을 매개로 하여 교정원장까지 연계가 된 모양이었다. 1991년 4월, 나는 100주년 행사에 맞추어 《소태산 박중빈의 문학세계》를 냈다. 이때 책의 서문을 범산 이공전 종사님께 부탁하였다. 범산님은 교단의 대표적 문인이시기도 하지만 내가 서울 교당에서 입교하던 무렵부터 안면이 있는 처지인지라 별 생각 없이 그분께 부탁했던 것이다.

그런데 책이 나오고 난 후 항산 님을 뵈오니 정색을 하시고 "내가 서문을 쓰고 싶었는데…" 하고 서운해하시는 것이었다. 그 말씀을 듣는 순간 아차! 하는 생각이 들고 송구스런 마음을 금할 수 없었다. 한편으로 생각하니 이런 저런 체면 가릴 것 없이, 당신이 서문을 쓰고 싶었노라고 고백하시는 그 천진스러움, 그리고 내 저술을 대견스러워하시는 뜻에 감명을 받았다. 그때까지 나는 항산 님을 역량 있는 교무로서만 알았지 문학을 사랑하고 작품 발표도 꽤 하시는 문인인 줄은 미처 파악하지 못하고 있던 터였다. 그 책으로 나는 대종사탄백성업봉찬회장으로부터 특별공로상도 받고 중앙문화원장으로부터 출판문화대상(저술상)도 받긴 했지만, 다시 원불교문학에 관한 책을 쓸 기회가 있으면 항산 님께 서문을 부탁드려야 하겠다는 다짐을 했다.

세월이 상당히 흘렀고, 1999년에 나는 고등학교 교장이 되었다. 그 무렵 나는 소태산대종사를 모델로 하는 전기체 장편소설을 쓰기 시작하고 있었다. 한번은 아들녀석이 총부에서 오더니 항산 님을 뵙고 왔다고 했다. "아버님은 요즘 무슨 글을 쓰시냐?" 항산 님이 물으셨고, 아들은 "대종사님 생애를 장편소설로 쓰고 계신 줄로 압니다."라고 대답하였다 한다. 그러자 종사님은 "소설이 아니라 평전을 쓰면 좋을 텐데…" 하고 못내 아쉬워하시더란다. 마침 한창 열을 내서 창작에 몰입하던 참이라 듣기에 서운하기도 했지만, 나는 항산 님이 맥을 잘못 짚으신 거라고 판단했다. 그래서 그 말씀을 짐짓 흘려듣고자 했다. 그 책은 2004년에 《소태산 박중빈》1,2로 하여 출판이 되었다. 반응은 탐탁치 않았지만, 그래도 교단에선 또 한 번의 출판문화대상(저술우수상)을 안겨 주었고 원문협에선 출판기념회도 마련해 주었다. 소설이니 서문을 부탁할 일도 없었지만, 그렇지 않더라도 서문을 부탁하지는 못했을 것 같다. 소설로 쓰는 것을 못마땅하게 보신 항산 님께 서문을 부탁할 만큼 배짱이 있는 사람이 못 되기 때문이다.

 기실 내가, 평전을 쓰라는 항산 님께 동의하지 못했던 것은 이유가 있었다. '評傳'이라면 비평적 안목으로 쓰는 전기일진대, 교도인 내가 감히 대종사님의 인간과 생애를 비평한다는 것은 너무 외람되다고 생각한 것이다. 기독교인이 예수평전을 쓴다거나 불교도가 석가평전을 쓴다거나 유학자가 공자평전을 쓴다는 것이 망발이라면 내가 대종사 평전을 쓰는 일은 못할 짓이라고 거듭

결론지었던 바였다.

  그런데 내가 2008년에 소태산아카데미를 1기로 수료하고, 다시 아카데미동문회 회장 책임을 맡으면서 학술 토론을 주도하던 중에 상당한 갈등을 겪은 일이 있었다. 나는 그때 '평전적 시각에서 본 소태산 대종사의 인간과 생애'라는 도발적 주제를 걸고 토론을 진행하였는데 이게 문제였다. 요컨대 '평전적 시각' 그게 탈이었다. 근본주의적 시각을 가진 이들이 대종사의 카리스마에 대한 도전, 혹은 교단의 절대가치에 대한 흠집 내기라고 오해한 것이다. 그때 나는 소태산 평전 쓰기를 바라신 항산 종사의 뜻을 떠올렸다. 왜 소설보다 평전을 썼으면 하셨는지 알 듯하였다. 나는 문득 소태산 평전을 쓰고 싶다는 강력한 욕구를 느꼈다. 세상에 인간 대종사, 새 부처님 대종사를 드러내는 것도 필요하거니와 우리 교도들이 가지고 있는바 대종사에 대한 허상을 깨고 싶은 욕구였다. 과장되고 미화된 대종사가 아니라 민낯(생얼) 그대로의 '사람 박중빈'의 모습을 드러내고 그를 통해 새 부처의 진면목을 알게 하고 싶은 욕구였다.

  2011년 5월 5일, 전날 열반하신 상산 박장식 종사의 문상을 위해 총부로 가던 길에 항산 김인철 종사가 제주도 서귀포 교당에서 새벽에 열반에 드셨단 소식이 날아들었다. 세수 78세니 가실 때가 됐다고도 할 만하지만, 바로 전날 상산 종사가 향년 101세로 열반에 드신 걸 생각하면 뜬금없는 소식이란 느낌을 지울 수 없었다. 그새 와병중이라는 소식도 없었고 더구나 위독하시다는 소문은 전혀 못 들었기 때문이다. 상산 종사 영전에 향을 사루고 좀 있자니 항산 종사의 영구가 공수되어 총부로 들어왔다. 나는 예정에 없던 일이지만 얼결에 열반식에 참례하였다. 독경을 하면서 항산 님과의 사연들이 줄줄이 떠올라 더욱 그리웠다.

나는 2012년에 책을 세 권 냈다. 그 중에 원불교 저작으로는《새로쓴 소태산 박중빈의 문학세계》와《원불교의 문학세계》가 있다. 이들은 내가 오래 준비해 온 것이기에 먼저 썼다. 다음 차례론 소태산 평전을 쓰기로 마음먹었다. 2013년, 일단 착수를 했다. 그러나 서두르지는 않으려고 한다. 원불교100년까지 내려고 목표를 정하고는 있지만 말이다. 항산 종사 말씀이 내게 주어진 사명 같다. 성인의 말씀은 땅에 떨어지지 않는다 했다. 내 목표가 달성되는 날, 항산 종사는 내 책의 서문은 비록 못 쓰실망정 법계 어디선가 나를 보고 대견하다고 칭찬하며 고개 끄덕이실 것이다.

儒佛仙而皆人(유불선이개인)
유·불·선이 다 사람이고
耶蘇自曰人子(야소자왈인자)
예수는 스스로 사람의 아들이라 했다
少太山亦非神(소태산역비신)
소태산 대종사 또한 신이 아니니
神尊去人尊來(신존거인존래)
신존 시대는 가고 인존 시대가 왔다

항산 **김인철**

항산 님은 1934년 영광에서 관산 김동관 님과 관타원 이공순 님의 3남 2녀 중 장남으로 출생하였다. 온타원 이성로 교무의 연원으로 외가와 온 가족이 차례로 입교하고 항산 님도 원기36년(1951) 모친의 연원으로 입교하였다. 이듬해 도양교당 향산 안이정 종사 요청을 받아 도양중학원 교사로 4년 동안 근무하다가 발심하여 전무출신을 서원하고 1960년에 출가하여 정남으로 일관하였다. 장수교당과 구포교당 교무를 지낸 후 총부와 교단 내 각종 기관에서 요직을 담당하니, 교정원 총무부장, 수위단회 사무처장, 교정원 기획실장, 교정원 부원장, 대종사 탄생100주년 성업봉찬회 사무총장, 영산사무소장, 교정원장, 중앙총부 교령, 학교법인 원광학원 이사장, 중앙중도훈련원 원장 등이었고, 만년에는 호주 주재 교령을 역임하였다. 1988년부터 정수위단원 2기 및 원로수위단원을 역임하였다. 2003년 퇴임 후 수양에 전념하다가 2011년 열반에 드니, 세수 78세에 법랍은 59년이요 법위는 출가위다.

제4장

뜨거운 꿈은
별이 되어 빛나다

- 효산 조정근
- 좌산 이광정
- 각산 신도형
- 융산 김법종
- 좌타원 김복환

16-〈효산 조정근〉 편

온유한 보살,
돌아올 법연을 기다리시네

내가 효산孝山 조정근趙正勤 종사를 처음 만난 것은 언제일까 확실치 않지만, 적어도 원기65년(1980) 7월에 내가 다니던 도봉교당 법회에서 뵌 것만은 확실한 기억이다. 그 후로도 도봉교당에는 자주 오신 편이어서 적어도 대여섯 번은 모셨다. 1983년에는 모시고 한동안 담소할 기회도 있었는데, 효산 님은 만나는 사람마다 입교를 권하여 많은 성과를 보았노라고 자랑 삼아 말씀을 하셨다. 몇 명 되지도 않는 입교연원의 지도가 여의치 않아 좌절감을 느끼던 나는 따지듯 물었다. "입교시킨 후엔 어떻게 하셨습니까?" 말하자면 그렇게 많이 입교증만 남발하고 교당 출석도 못 시키는 입교 연원이라면, '나는 입교 많이 시켰네' 하는 자기 만족일 뿐이고, 교도수 통계에 거품만 끼이게 만드는 일이라는 까칠한

_ 123

돌직구인 셈이다. 효산 님은 가까운 교당 교무님께 인도한다는 것이며, 설사 교당에 안 나오더라도 일단 법연을 걸어 놓으면 언젠가 계기가 올 때 자연스레 교도생활을 하게 되는 것이라는 말로 변명하셨다. 나는 속으로 입을 비쭉거렸다.

한번은 원불교신문에 효산 님의 글이 나왔는데, 인생 좌우명이든가 하여 당신의 생활신조를 여러 가지 소개하셨다. 그런데 그 중에 '따지지 말자'가 있었다. 나는 이 말이 목에 가시처럼 턱 걸렸다. 무엇이든 따져서 스스로 납득이 되지 않으면 누구의 언행도 용납이 되지 않던 내 성격에 이 말이 이해될 리 없었다. 따지는 것이야말로 진리 탐구의 유일로唯一路인 줄 알던 처지에 상당한 충격으로 다가왔다. 따지지 말라니, 그럼 무조건 믿으란 말씀인가, 아니면 좋은 게 좋은 것이니 부당한 일이라도 눈 딱 감고 모른 체 하란 말씀인가? 효산 님의 '따지지 말자'를 '따지지' 않고는 직성이 풀리지 않았다.

그런데 세월이 흐르면서 나잇값을 하느라고 효산 님의 가르침이 차츰 이해가 되기 시작했다. 연원을 단다고 하여 하나하나 교당으로 목매어 끌고 다니기로 하면 과연 몇 명이나 정법으로 인도할 것인가. 많이 하다보면 그 중엔 인연과 근기 따라 바로 특신급에 오르는 이도 있고 바람처럼 스쳐지나가는 자도 있게 마련이다. 마케팅이란 측면에서 보더라도, 목이 좋아야 가게도 잘된다는 것은 그만큼 접근할 기회가 많으면 그 중에 몇이라도 건질 수 있다는 것이지 않나. 그리고, '따진다'는 것을 곧장 진리 탐구에

연결시킨다는 것도 무리다. 사전을 찾으면 ①문제가 되는 일을 상대에게 캐묻고 분명한 답을 요구하다 ②옳고 그른 것을 밝혀 가리다 등 두 가지 뜻풀이가 나온다. 전자는 자칫 남과 불화하고 사람을 잃게 하기 십상이다. 후자라 하더라도 자기만의 일이라면 모를까 상대가 있을 때는 조심할 일이다.

세상일이란 게 시시비비를 가리기가 그리 쉬운 일도 아니려니와 또 꼭 그렇게 칼같이 가릴 필요도 없는 경우가 많다. 굳이 가리려다 보면 대개는 득보다 실이 많다. 그래서 惡將除去無非草 好取看來總是花(악장제거무비초 호취간래총시화: 나쁘다고 하여 제거하자 하면 풀 아닌 것이 없고, 좋게 보아 취하려 하면 꽃 아닌 것이 없다)라 한 것이다.

효산 님은 언제 어디서 뵈어도 흠잡을 데가 거의 없다. 이목구비 어디라도 서운한 데가 없이 원만한 상호에 알맞추 섞인 흑백의 숱 많은 머릿결, 체격조차 한국인으로선 더 바랄 것이 없다. 요샛말로 '완소남'이다. 음성은 조용조용하고 감싸듯 따뜻하시다. 그런데 효산 님 법설을 듣다 보면 항상 드는 느낌이 있다. 야구로 말하면 매번 안타를 치신다는 것이다. 다만 1루타에 더러 2루타는 있을지언정 3루타는 극히 드물고 홈런은 전혀 없지 않은가 싶다. 청중을 들었다 놓았다 하는 충격적 내용이나 표현이 없다. 포장이 화려하지도 않고 놀랄 만한 내용물이 있지도 않다. 대중의 가슴을 쥐어뜯는 격정의 호소도 없고 으하하 웃음을 터뜨리게 하는 재미도 없으니 홈런은 칠 수 없다. 그러나 뿌듯하고 알차다. 시간이 아깝지가 않다. 환호성을 지를 기분은 없어도 흐뭇하다. 언젠가 이런 효산 님을 놓고 나름으로 이런 글을 엮어 본 적이 있다. 평범 중에 초범(平凡中超凡)이요 심상 중의 비상(尋常中非常)이로다, 외유하나 내강(外柔而內剛)하고 외정하나 내동(外靜而內動)하시다.

이런 분이시다 보니 교단에서는 효산 님을 불난 곳에 소방수로, 병든 곳에 치료사로, 부진한 곳에 추진체로 차출하여 이 일 저 일을 맡기지 않았나 싶다. 무슨 일이라도 믿고 맡길 수 있고, 맡기면 안심할 수 있고, 기다리면 성과를 보여주니 효산 님은 여기저기에 불려 다닐 수밖에 없었나 보다. 유명무실하던 청년회를 맡아 활성화하신 일이나, 원불교신문과 원광을 살려내신 일이나 원음방송을 줄줄이 인가받아 내신 일이나, 영산원불교대학과 대학원대학의 설립인가를 받아 내신 일이나 다 그런 것들이다. 팔타원 님의 SOS를 받고 휘경여중에 뽑혀가서 학교장으로 8년을 근무하며 학교를 반석 위에 세운 일도 마찬가지다.

이런 성공 뒤에는 효산 님의 역량 자체도 중요하지만 인품이 뒷받침되었다는 게 중요하다. 어떤 사람도 화기 넘치는 종사님의 낯과 목소리를 대하면 일단 호감을 안 가질 수 없겠다 싶다. 그러다 보니 인연마다 상생으로 선연으로 만나지니 안 될 일이 별로 없을 듯하다.

인연 이야기가 나왔으니 말인데 나로서는 효산 님에게 대단히 미안스런 사건(?)이 하나 있다. 1980년대 말쯤인가 고모의 아들 결혼에 즈음하여 고모부한테서 주례로 모실 분을 알아봐 달라는 부탁을 받았다. 신랑은 내가 연원이 되어 입교를 시킨 처지라 좀 더 신앙 줄을 잡아주고 싶어서 교무님께 의논하니 효산 님을 엮어 주셨다. 예식 전에 신랑과 신부를 접견하시고자 원하셔서 자리를 마련했는데 사정이 여의치 않아 신부는 못 나왔다. 신랑만 데리고 나가니 효산 님은 내외분이 함께 나와 일찍부터 기다리고 계셨다. 이때부터 일이 꼬이기 시작하더니 마침내 결혼식 날에 난감한 상황이 벌어지고 말았다. 익산서부터 법복조차 준비해 가지고 오시어 주례를 훌륭히 담당해 주신 것까지는 더 없이 좋았다. 그런데 정작 주례가 예식장을 떠나시게 되었는데 혼주 쪽에서는 거마비조차 마련하지 않은 것이다. 내가 미리 챙겼어야 할 일이로되 나도 경험이 없어서 당황한 끝에 우왕좌왕하다가 인사치레도 못하고 주례님에게 결례를 한 채 그냥 보내 드린 것이다.

참으로 난감한 사태를 수습도 못하고 있다가 얼마 후 신랑신부가 총부로 주례님을 찾아가 인사드렸고, 게다가 효산 님의 주선으로 완도소남훈련원까지 가서 숙박하며 여행을 잘하고 돌아왔으니 그럭저럭 수습은 된 것인가 만 것인가 그렇게 되었다. 수십 년이 흐른 일이로되 나는 효산 님 생각만 하면 그 일이 면구스러워 마음이 편치 않다. 그런데 진짜 죄송스러운 일은 따로 있다. 신부까지 입교시키고 교당에도 곧잘 나오곤 했으나 끝내는 이 커플이 갈라서고 말았다는 사실이다. 남녀의 인연, 부부의 인연을 제3자로서 누가 묶고 풀고 할 것인가. 참 못 말릴 것이 남녀 인연의 엮임이고 또 못 말릴 것이 남녀 인연의 풀림이다. 그러지만 않았더라면 효산 님을 주례로서만이 아니라 평생 스승으로 모시도록 인도할 만도 했는데 아쉽기 짝이 없다.

일단 입교하여 교당에도 들락거렸으니, 효산 님 말씀처럼 그들도 언젠가 법연이 무르익는 날 대종사님 법에 귀의하여 행복한 인생 정로를 개척해 갈까? 금생이 아니라면 내생에라도 말이다.

福中洪福因緣福(복중홍복인연복)
복 중에서 큰 복은 인연복이요
人生大緣夫婦緣(인생대연부부연)
인생에서 큰 인연은 부부의 인연이지만
誰抑乎人緣逢別(수억호인연봉별)
사람의 만남과 헤어짐 누가 막으랴
但來者迎去者送(단내자영거자송)
오는 이 마중하고 가는 이 배웅할 뿐

효산 조정근

효산 님은 1935년 정읍에서 겸산 조동오 님과 후타원 유선의행 님의 4남5녀 중 3남으로 나셨다. 원기36년(1951) 중3 때 원평교당 교도회장이던 아버지 연원으로 입교하고, 송산 박동현 선생의 영향으로 고등학교 졸업과 동시에 출가하였다. 1960년 원광대 교학과를 졸업하고 원광중고등학교 교사로 발령받아 학생의 상담 및 진로지도에서 성과를 거두었다. 1969년 신문사 창설에 참여하여 1977년에 이르기까지 원불교신문 창간과 원광 살리기에 힘을 기울였으며 그 동안 중앙청년회장을 맡아 전국봉사활동 및 사상강연을 실시하였고 신문 청년회보를 발간하는 등 활발한 모습을 보여 주었다. 1977년부터 8년간 휘경여중의 전무출신 학교장으로 근무하였고, 1987년 총부로 돌아와 기획실장 겸 문화부장 혹은 교화부장 겸 교화부원장으로 교단 3회 설계의 주역이 되었다. 이후 서울사무소장을 거쳐 교정원장 및 수위단 중앙단원으로 있으면서 교단의 여러 사업을 추진하였으니, 그 중엔 영산선학대, 원불교대학원대 설립이며 원음방송 창립 등에 소임을 다하였다.

_ 129

17-〈좌산 이광정〉 편

시대를 읽고
문화교화에 앞장서신 부지런땐땐

　내가 좌산左山 이광정李廣靜 상사를 처음 뵌 것이 언제인지 모르겠다. 그러나 어느 자리에선가 서울에서 대산 종법사를 모신 법회의 기억에 강한 인상이 남아 있다. 종법사가 법좌에 앉으시고 좌우에 시립한 두 분 법사가 있었는데 그 중 한 분이 삭발의 좌산 님이었다. 나는 아하! 이것이 말로만 듣던, 주불과 좌우 보처불(보살)의 삼존불 세팅이로구나, 하는 깨달음이 들었다. 그 후로 어느 법석에 가도 이런 미장센의 연출을 다시는 보지 못했지만, 짐작에 종법사를 주불 자리에 모시었으니 좌산은 문수든 보현이든 협시보살이로구나, 그렇다면 좌산 님이 차기 종법사 영순위이겠다, 그런 직감이 들었다. 좌산 님과 좌우 상칭으로 계시던 분은 기억에 전혀 없다. 그 후로 좌산 님은 비교적 자주 뵈었다. 아마 종로교당에 계실 때 나는 도봉교당에 있었기에 이래저래 뵙게 된 것이 아닐까 한다. 도봉교당 20년사(도봉에서 피는 일원화)에 보면 1990년대 초반에는 해마다 교당에 오시다시피 하시고, 두 번은 이틀을 머무시며 연속으로 법설을 하셨다. 기억에 좌산 님은 법설 시작에 매번 대종경 한 대목을 읽고 나서 부연하는 형식을 취하는데, 법설의 내용은 만만한 것이 아니지만 비근한 예화를 드시면서 참 쉽고 똑 부러지게 하셨다. 흥미도 있거니와 설득력이 강했다.

언젠가 좌산 님을 모시고 총부에 간 일이 있었다. 좌산 님 뒤를 졸래졸래 따라가는데 옛 공회당 근처에 가니 아무도 보이는 것은 없는데 정중히 허리 굽혀 합장을 하신다. 웬 일인가 싶지만 덩달아 합장을 하고 지나갔는데 나중에 알고 보니 공회당에 대종사 초상화를 모셔놓았던 것이다. 스승을 모시는 태도는 이런 거로구나 싶어서 감동을 받았다. 모시고 일을 마친 뒤 나는 인사를 드리고 서울로 와야 할 시간이 되었다. 좌산 님은 시자에게 일러 나를 이리역까지 안내할 차편을 알아보도록 하셨다. 이윽고 마땅치 않다는 보고가 왔다. 나는 버스나 택시를 타면 되니까 염려하지 마시라 하고 나서는데, 잠깐 기다리라고 하시더니 먼저 나가셨다. 이런! 좌산 님이 손수 운전대를 잡아 차를 대고 내게 타라고 하시는 거다. 지프차였는데 나는 사양하다 못해 결국 그 차에 올랐다. 시내버스가 없고 시외버스만 드물게 다니던 시절, 택시 잡기도 쉽지 않으니 혹시 열차 시간을 못 댈까 걱정이 되신 거였다. 한산한 거리를 휑하니 달려 이리역에 '모셔다' 주시니 이런 황송할 데가 어디 있나. 이 날 나는 스승에 대한 충정衷情과 공경심, 그리고 후진에 대한 겸손과 자비심을 몸소 보여 주신 무언의 법설에 기쁨이 넘쳐 상경하는 길이 내내 행복했다.

문화부장으로 계시던 당시 선진님들의 시가를 모아《새회상 시가 모음》을 내실 때 나는 알아보았지만, 좌산 님은 문화적 감각이 남달랐다. 내가 알기론 종로 교당 계실 때부터 국악인들을 교화하시어 상당한 성과를 거두셨다. 김월하, 김소희, 조상현, 신영희, 임이조, 공옥진, 이생강 등등 명인 명창들이 좌산 님의 반연絆緣으로 원불교 식구가 된 줄 안다. 좌산 님은 인터넷 교화, 방송국 설립 등에도 공을 들이시고 손수 좋은 가사를 많이 지어 새성가를 만드셨다. 군종 진출에도 오래 적공하여 성공하시었고, 전임 대산 종사의 뒤를 이어 해외교화에도 힘을 많이 쓰셔서 미주총부 건설까지 이루셨다. 그리고 주법의 자리에서 물러난 이후까지 끈질기게 공력을 기울이시는 분야는 통일운동이다. 이 대목에서 나는 사연이 많다.

2004년 봄, 나는 오래 공들인 2권짜리 장편소설《소태산 박중빈》을 냈다. 대종사의 생애를 다룬 전기소설이었다. 그런데 여름에 종법실에서 한번 다녀가라는 연락이 왔다. 서둘러 벌곡 삼동원에 머무시는 종법사님을 찾아뵀다. 좌산 님은 미국 지도를 펴 놓고 내게 미주총부부지가 얼마나 좋은 자리인지 자상하게 설명해 주시고 설계를 하실 교수의 의견까지 부연해 주셨다. 점심공

양 후엔 승용차로 천호산 일대를 순회하며 우리가 매입한 임야가 어디까지이고 그게 얼마나 좋은 땅인지를 자상히 설명하셨다. 산에는 숲이 우거졌는데 다른 꽃은 안 보이고 오직 흰색의 낯선 꽃이 눈길을 끌었다.

"저 하얀 꽃이 핀 나무가 무슨 나무인지 아나?"

"……?"

"저게 산딸나무라는 건데 깊은 산에만 나는 나무야. 꽃이 희한하지?"

"……!"

여기까진 화기애애한 분위기에 흠잡을 데가 없었다. 그런데 그 다음부터가 문제였다. 국가적으로나 교단적으로나 통일 준비가 필요하다는 말씀을 열정적으로 오래 하셨다. 그리고 결론인즉 나보고 통일한국을 보여주는 미래소설을 써보란 것이다. 소설가로 등단 절차를 밟은 일도 없고 작가를 자처한 일도 없이, 사명감과 열정만으로 대종사 생애를 소설적 양식으로 정리한 것뿐인데 이런 주문을 받고 보니 난감했다.

그 동안 좌산 님은 나를 보실 때마다 종종 부탁을 하신 바가 있다. 예컨대 "방송국 인가를 받아야 하는데 정부 쪽에 도움 받을 만한 사람 없나?"라든가, "군종 승인을 받아야 하는데 혹시 제자 중에라도 부탁할 만한 사람 없나?" 이런 식이다. 어느 구름에 비가 들어 있을 줄 모른다고, 답답하니까 한 번씩 던져 보신 말씀이겠지만, 듣는 쪽에선 참 민망한 노릇이다. 무능하고 주변머리도 없는 것이 매번 어른의 부탁에 유구무언이니 말이다. 그런데 이번에는 나를 콕 찍어 하시는 부탁이고, 이번에 쓴 소설을 보니 이 일을 자네는 능히 할 수 있어, 하고 추어주시며 당부하시니 어찌 '난 못해요' 하고 면전에서 거절할 것인가. 이게 함정인지 올가미인지 모르지만 그것 비슷한 거란 걸 예감하면서도 나는 우물우물하다가 결국 '말씀 뜻 알겠습니다' 하고 머리를 조아리고 말았다. 지나고 나선 후회하면서 '아이고 등신! 그때 눈 딱 감고, 전 못 합니다, 왜 안 그랬어?' 하고 얼마나 자책했는지 모른다.

처음 1년은 어떻게 손을 댈지 몰라서 끙끙 앓다가 차츰 대강의 스토리가 얽어지기 시작했다. 이로부터 북한에 대한 자료 수집에 열을 올리니, 인터넷을 뒤지고 서점을 뒤지고 마침내는 막대한(?) 비용을 지불하며 평양 방문 길에 올랐다. 양각도호텔, 만경대김일성생가, 만수대창작사, 주체탑, 단군릉, 평양학생소년궁전, 그리고 능라도 5.1운동장에서의 아리랑축전 관람 등을 하면서 나는 이런 경험을 소설에 어떻게 써먹을까 궁리하느라 바빴다. 이리하여 체제와 사고방식과 풍속이 다른 북한을 중심무대로 한 장편소설이 쓰이기 시작했다. 언감생심 북한 권력층의 은밀한 내막까지, 게다가 이북말까지 살려 쓰자니 갈팡질팡이었다. 그래도 검증을 받는다고 기자 출신 탈북자와 교사 출신 탈북자에게 각각 용역을 주어 원고의 감수를 부탁하며 적잖은 돈이 나갔으나 도움은 별로였다. 이리하여 5,6년을 두고, 쓰고 고치기를 수없이 반복하니 작품명이 《닥터 지바고의 모험》이라. 그 사이 좌산 님은 종법실에서 물러나 상사원으로 자리를 옮기시고, 나는 서너 차례 용은정사 혹은 오덕훈련원 등으로 찾아뵈면서 지도를 받아 퇴고를 거듭했다.

  그러나 나의 역량과 좌산 님의 기대에는 틈새가 작지 않았다. 내가 통일의 당위성 내지 불가피성에 초점을 맞추었다면, 좌산 님은 통일의 과정과 1국가2체제 통일 후 변한 나라 모습을 가상으로 보여 달라는 주문이셨다. 결과적으론 얼마만큼 절충하는 것으로 타협(?)을 보았고, 나는 진을 다 빼고 나서 두 권짜리 출력 원고를 부쳐드렸다. 얼마 후, 지칠 대로 지친 심신을 이끌고 용은정사로 좌산 님을 찾아뵙고 '처분만 바랍니다' 했다. 아무 출판사에서나 내지 말자, 판매 보급에도 도움 받고 통일 운동도 힘을 타려면 모 유명 신문사에서 운영하는 출판사에 맡기는 게 좋겠다, 하시고 바로 담당자에게 전화를 거셨다. 속으로 생각하기에, 그렇게만 되면 나도 영광이기야 하지만, 출판 불경기에 나 같은 무명작가가 쓴 소설을 그렇게 쉽사리 출판하겠다고 나설까 싶었다. 그 후 이메일로 원고 파일을 보내라, 작가 이력을 적어 보내라 하여 뭐가 되려나보다 했지만, 가부간 속 시원한 대답은 오지 않았다. 내심 거기는 물 건너갔구나 싶어 거의 체념하였다.(눈치 싼 독자라면 이쯤에서 반전을 지레짐작 하실지 모르나 그런 일은 결코 일어나지 않는다) 그러던 차 2011년 12월 19일, 방송마다 김정일 국방위원장이 이틀 전에 사망했다는 소식이 특보로 쏟아졌다. 나는 요샛말로 '멘붕'에 빠졌다. 허탈한 웃음이 절로 나왔다. 내

작품의 설계는 김정일이란 골격을 제거하면 와르르 무너지게 돼 있었던 것이다. 그의 죽음이 내 작품에겐 사망선고였다.

아쉽기는 하지만, 나는 의외로 홀가분한 느낌을 받았다. 어쨌건 나는 좌산 님의 미션을 수행하였다. 클레임이 있으니 주문대로 했다곤 못하겠지만 나는 최선을 다하였고, 그리고 이제 내게 달리 보채실 일은 없을 것이다. 그 어른도 내가 더는 우려먹을 건덕지가 없는 놈이란 것쯤은 아셨을 테니까. 그럼 내가 바친 소중한 세월과 낭비된 정력은 어떻게 보상 받을 것이냐고? 만덕산 효소랑 원광제약의 경옥고랑 그런 정도의 하사품으론 어림없네요. 나는 그래도 이렇게 자위한다. 이생에 한 일은 내생의 작업을 위한 습작이었다고. 습작이 출판되면 자칫 쪽팔리는 일인데 어차피 핑계거리가 잘 생겼다고. 내생에 만나면 좌산 님의 청탁을 한결 수월하게 수행할 수 있을 것이다. 그때는 내가 만만하게 보이지 말고 좀 튕길 것이고, 좌산 님은 통사정을 할 것이고, 나는 못 이기는 체하고 수락할 것이고, 작품은 유명 출판사에서 서로 내겠다고 다툴 것이고, 좌산 님은 좌산 님대로 '완전' 흡족하실 것이고, 나는 아마 팔자에 없는 돈방석에 앉을 것이다. ★꿈은 이루어진다!

각설하고, 궁금한 게 하나 있다. 깊은 산속에만 산다던 산딸나무가 요즈음 고양시에선 정원수로 지천이다. 가승입산假僧入山 진승하야眞僧下野 그 소식일까?

圓音放送開局成(원음방송개국성)

원음방송 개국을 달성(達成)하시고
軍宗編入承認得(군종편입승인득)
군종편입 승인을 획득(獲得)하시고
美洲總部設立現(미주총부설립현)
미주총부 설립을 실현(實現)하시고
統一北韓敎化望(통일북한교화망)
통일북한 교화를 열망(熱望)하시다

좌산 이광정

　　좌산 님은 1936년 전남 영광에서 공산 이삼공 님과 광타원 이공원 님의 5남매 중 막내로 태어났다. 집안 어른인 호산 이군일 선진의 안내로 정산 종법사를 뵙고 법문을 받들면서 출가의 결심을 굳히게 되었다. 교화부장, 서울교구장, 수위단원 등을 역임하고 1994년, 대산 종사의 뒤를 이어 정남으로는 최초로 제4세 종법사로 선출되었다. 좌산 님은 일과로 득력한다는 표준으로 스승님을 향한 절대적인 신성과 쉼 없는 정성으로 공부와 사업을 병행하여 대중의 표준이 되었다. 또한 소태산 대종사를 비롯, 역대 종법사의 경륜을 이어 인재육성, 체제정비, 경제기반확립, 교서번역, 방송국 설립, 국제교화 등 교단 각 분야의 성장을 이끌었고, 아울러 원불교의 위상을 세계 종교계에 드러냈다. 특히 재가, 출가가 다 함께 맑고 밝고 훈훈한 삶을 나누고 창조할 수 있는 문화사업의 기반을 견고히 하고자 힘을 기울였다. 2006년, 12년 재임을 마감하고 신임 경산 장응철 종법사에게 위를 넘기며 상사가 되었다.

18-〈각산 신도형〉 편

아까워라 여래의 꿈
내생으로 미루시다

　내가 각산覺山 신도형辛道亨 종사를 처음 뵌 것이 서울교당 드나들던 때이니, 원기48년(1963) 내 나이 스물한 살쯤일 것이다. 교당에 잠시 머무시었는데 삭발한 모습에 언뜻 보아도 인품이 느껴졌다. 젊은 나이에 비해 언어 동작이 침착하고 풍채가 산처럼 묵직해 보였다. 열반 후 이야기지만, 각산 님에게 누나 되는 균타원 신제근 교무님이 계시다는 말을 듣고, 남매간이니 그분도 풍채가 대단하시리라 기대했다. 그런데 어느 자리에서 신제근 교무님을 뵈오니 영 아니었다. 출가 무렵의 균타원 님을 두고 대종사도 "제근이가 생긴 건 조막만 하다만…" 하고 말씀하셨다지만, 정말 각산 님에 비해 너무 초라해 보여서 실망이 컸다.(균타원 님! 섭하게 들려도 전생 일잉게 웃고 넘기지라잉?)

그건 그렇고, 내가 평소 교무님들을 만나면 잘 묻고 따지고 하는 걸 보아 온 교우 하나가 나를 각산 님에게 붙여 주었다. 깐죽거리고 꼬치꼬치 캐묻는 내 버릇을 일거에 굴복시킬 상대라고 본 모양이다. 논쟁은 법마상전급 십계문 제3조「연고 없이 사육을 먹지 말며」에서 붙었다. 나보다 불과 예닐곱 살 연상이시니 내 깐에도 그분이 만만해 보였던가 싶다.

"계문에 '연고 없이'를 붙여놓고 파계를 합리화하도록 빌미를 준 대표적인 예가 '사육을 먹지 말며' 같습니다."

"내 생각엔 건강을 위해 보신이나 약용으로 부득이 고기를 먹을 수도 있지 싶은데, 무조건 먹지 말라면 지나치지 않겠소?"

"그러면 있으나 마나 한 계문이죠. 범계를 하고도 영양 보충 하느라 먹었다든가, 보약 삼아 먹었다 하면 다 통과되지 않겠어요?"

"고기 먹기를 좋아해서, 그러니까 맛을 즐기려고 먹는 것은 삼가라는 뜻으로 보면 되지 싶소."

"요전에 팔타원 님 회갑을 맞아 교당에서 음식을 차려 먹는데, 법당에다 불고기랑 갈비찜이랑 잔뜩 차려놓은 걸 보면서 저는 충격을 받았습니다. 교도들에게 '맛을 즐기려고 먹지 말고 보신이나 약용으로만 들라'고 조건을 붙여 차려낸 음식입니까? 그것도 신성한 법당에서 말입니다."

나는 중학교 졸업 무렵 살생과 육식에 대한 고민을 하다가, 고등학교 입학과 더불어 실천적 채식주의자가 되었다. 채식주의자란 이유로 간디, 슈바이처, 톨스토이에 열광하여 그분들의 저서나 전기를 애독하였다. 소크라테스, 플라톤, 셰익스피어, 다빈치, 다윈, 프랭클린, 러셀, 바그너, 아인슈타인, 타고르 같은 위인들이 채식주의자였음은 나의 채식주의에 정당성을 강화시키고 있었다. 석가모니에 대한 숭배심이나 불교에 대한 신앙심도 채식과 분리될 수 없었고, 스님들은 채식만으로도 존경받아야 한다고 믿었다. 채식하지 않는 수도자는 짝퉁이라고 보았다.

각산 님을 만나던 때는 채식에 관한 집착이 심화되어 달걀도 먹지 말아야 하지 않나, 소나 말의 가죽으로 만드는 가죽구두도 신지 말아야 하지 않나, 말하자면 완벽 채식주의자인 비건vegan이 되고 싶어서 고민하며 지내던 무렵이었다.

"상전급 3번 계문 '사육을 먹지 말며'는 실질적으로 보통급 1번 계문 '살생을 하지 말며'의 연장이라고 봅니다. 살생이 죄악이라면 육식 역시 그에 버금가는 죄악이 아니겠습니까?"

"식도락을 위하여 남의 소중한 생명을 빼앗는다면 그건 용납할 수 없는 일이지요. 그러나 육식으로 몸을 건강하게 지키면서 열심히 수도하고 중생 구제에 힘쓴다면, 병약하여 공부도 사업도 못하고 일생을 허송하는 것보다는 낫지 않겠나 생각해요."

이런 논쟁은 각산 님의 엉뚱한 고백에서 절정에 이르렀다.

"실은 내가 몸이 약하여 여름마다 개를 한 마리씩 잡아먹고 건강을 버티는 중이오. 육식을 꺼려서 허약한 몸으로 무능력자가 되느니보다 개를 먹고 건강을 찾아 수도 정진하고 공도에 헌신한다면, 개로서도 그야말로 개죽음이 아니고 복을 짓고 좋은 인연을 맺는 일이 아니겠소?"

"아니, 그건 일방적인 합리화지요. 너 잡아먹고 나 성불제중 할 테니 영광으로 알고 죽어 달라 할 때, 예! 기꺼이 죽겠소, 하고 목숨 내놓을 개가 어디 있겠습니까? 우리가 볼 땐 개 목숨이 하찮겠지만, 개로서는 세상을 다 주고도 사지 못할 소중한 생명인데 어떻게 그런 논리가 성립합니까?"

젊은 나이에, 그것도 의료사고로 목숨을 잃었다는 소식을 듣고 마음이 참 언짢았다. 비록 열에 받혀 핏대 올리고 대들었지만, 고작 27세쯤이었을 그 나이에 그만한 인품을 갖춘 대인을 나는 본 기억이 거의 없다. 나와 대결하고 나서 다른 법우에게 "내가 아는 게 부족해서 논쟁에서 밀렸소"라고 고백했다는 얘기를 전해 듣고 나는 오히려 각산 님을 존경하게 되었다. 의료사고로 요절함도 천수를 다했다 할 것인가? 만약 그럴진대 개들의 목숨 값으로 천명을 거스르는 것이야 불가항력이었겠지. 그럼에도 그분 정도라면 해마다 개를 한 마리씩 바치고라도 수도 정진할 건강을 드릴 수만 있었더라면…그런 아쉬움이 사라지질 않는다.

나는 열여섯 살에 시작한 채식주의 식사를 오십이 다 되도록 계속하였다. 의정부에서 교사생활을 할 때, 당시 의정부 교당에 계시던 종타원 이선종 교무님이 나를 단독으로 초대하셨다. 주 메뉴가 소불고기였다. 참으로 난감하였다. 이런 상황은 종종 있었지만, 1990년부터 교원연수원에서 직원 및 연수생과 공동으로 숙식을 하며 6년간 교육연구사 생활을 할 무렵에 결정적 계기가 왔다. 내가 원불교도라는 것이 다 알려진 처지에 나의 고집스런 채식이 원불교에 대한 부정적 인식으로 전이될 위험을 직감했다. 원불교를 믿으려면 채식을 해야 되는구나. 원불교, 그거 우리 보통 사람으로서는 믿을 만한 것이 못 되네. 이렇게 된다면 정말 내가 죄 짓는 일이 아니겠나. 교무님들도 고기를 잘만 잡수시던데 당신이 뭐 대단하다고 채식을 해서 식구들까지 고기 구경을 못하게 하느냐, 하는 아내의 오랜 불평도 고려됐음은 물론이다.

대종사님도 채식주의자가 아니셨다. 석가모니도 초대받았을 경우에는 육식을 거절하지 않으셨다는 이야기가 전한다. 무릇, 무슨 무슨 '-주의자主義者'가 되는 것은 위험하다. 스스로를 구속하고 남에게는 배타적 벽을 쌓게 되기 때문이다. 또한 먹이사슬에서는 약육강식이 자연의 순리일 듯도 하다. 지금도 채식을 좋아하고 육식을 싫어하기는 변함없다. 그러나 육식을 하게 될 상황이면 굳이 거부하지 말고 받아들이자는 쪽으로 정리하였다.

平常心是道(평상심시도)
평상의 마음이 곧 도라면
平素行合德(평소행시덕)
평소의 행실은 덕에 합당하게 하고
平常識是法(평상식시법)
평상의 지식이 곧 법이듯이

平素食合身(평소식시약)
평소의 음식은 몸에 합당하게 하라

각산 신도형

각산 님은 1936년 영광에서 신대현 님과 정인선행 님을 어버이로 하여 차남으로 태어났다. 2남 6녀 중 막내로서 형이 일찍 죽으매 유일한 가계 계승자가 되었으나 세 살에 모친을 잃고 조모 손에 자라는 불운을 겪었다. 1957년에 출가하자 정산 종사는 큰 법기가 들어왔다고 반기셨다. 어린 시절부터 병약하여 원광대 수학시절은 물론 출가 후에도 어려움을 겪었으나 투병 중에도 수행정진을 게을리 하지 않아 큰 법력을 얻었다고 한다. 동산선원(익산 동산동에 있던 상주선원으로 예비교역자 훈련기관으로 사용됨)에서 후진을 가르치면서 촉망받는 수행자의 길을 갔다. 1973년 38세의 나이로 요절하매 대산 종사는 "여래위 법기인데 아깝다"고 탄식하셨다. 사후 유고로 《교전공부》 발간. 중국 불교 조사祖師의 후신으로 우리 회상을 찾아왔다는 이야기도 있지만, 열반 후일망정 가장 젊은 나이에 예비대각여래위로 법위사정이 되었다.

19-〈융산 김법종〉 편

만면에 웃음
겸허하고 인자하시도다

　내가 융산隆山 김법종金法宗 교무님을 처음 뵌 것은 원기73년 (1988) 봄, 융산 님이 종로교당에 계실 때다. 당시엔 서울을 동서 2개 교구로 나누었을 때인데, 동부교구장 겸 종로교당 교감님으로 부임하시어 초도순시 차 도봉교당에 오셨었다. 겸하여 재가임원들에게 사령장 전달식도 했는데 나는 이때 교도부회장 사령장을 받았다. 그 전에 청주교구(현 충북교구) 교구장으로 계실 때도 종종 원불교신문에 기사와 함께 올라오는 사진을 보며 낯을 익히긴 했지만 가까이 모실 기회가 없었고, 종로에 머무시게 되면서 내가 다니던 도봉교당에 몇 차례 오심으로써 가까이 뵙게 된 것이다.
　눈을 초승달처럼 가늘게 뜨고 인자하게 웃으시는 얼굴이 인상적인 분이다. 시원한 이마와 희고 고운 살결에, 가지런한 잇바디를 모두 드러내고 이마와 입가에 주름을 잡으며 환하게 웃으셨다. 눈으로만 웃거나 입으로만 웃는 법이 없고 반드시 얼굴 하나 가득 웃으셨다. 그러나 이상했다. 남들이 그 정도로 웃으려면 껄껄껄 너털웃음이나 으하하하 홍소 수준은 너끈히 되련만, 웃기는 잘 하셔도 웃음소리를 들은 기억이 없다. 목소리도 몸가짐도 언제나 조용하시다. 심화心和·기화氣和·인화人和로 불공하는 것이 생활신조라고 하셨다. 스스로 따뜻한 마음을 일으키는 것이 심화요, 자신에게서 저절로 사람을 끌어당기는 기운을 내는 것이 기화요, 나와 남 서로 간에 화목하자는 것이 인화라는 풀이이지만, 그런 융산 님에게도 한번쯤은 오해가 없지 않았다.

 1990년 봄, 합동입교식 및 기도 50일 기념법회에 초대되어 도봉교당에서 법설을 하시던 때다. 젊은 엄마 하나가 두 돌이나 겨우 넘겼을 아이를 데리고 앞자리에서 말씀을 경청하고 있었다. 워낙 법설도 조용조용히 하시는지라 다들 숨소리를 죽이고 듣는 판인데 아기가 칭얼대며 이 분위기를 깨버렸다. 엄마가 주의를 주었지만 아기한테 통할 리가 있나. 융산 님은 난감하신 듯 법설을 멈추고 아기를 내려다보셨다. 상황이 상황인지라 분위기가 잠시 썰렁해졌다. 얼마 후 아기는 그럭저럭 진정이 되었고, 법설이 재개되기는 했다. 그런데 이후가 문제였다. 겨우 교당에 재미를 붙이던 젊은 엄마가 교당과 발을 끊은 것이다. 아기를 다 키워놓은 뒤에 교당을 다녀야 하겠다는 것이 교당을 떠나는 핑계였지만, 아무래도 융산 님이 아기에게 너그럽지 못해서 서운했을 것이란 게 중론이었다. 교도들은 융산 님을 탓하는 이들도 없지 않았다. 교구장씩이나 되신 어른이 법설하시는데 교도들의 청법 자세가 덜 돼먹었다고 언짢아하신 거겠지. 어린애니까 그러려니 하고 넘어가셔야지, 말씀을 그치고 애를 빤히 내려다보시니까 애 엄마가 몸 둘 바를 모르더라. 정남이시라 애를 키워보지 않으셨으니 그런 사정을 알 리 없지. 대체로 그런 식의 비판이었고, 주로 여자교도들의 입방아였다. 교도부회장으로서 나도 듣기에 거북했다. 설마 독신수행자가 걸리기 쉽다는 병, 세속은 더럽고 성직자는 깨끗하다는 청병淸病에 걸리신 것은 아니겠지?

 그해 겨울, 당시 나는 파주 자운서원 경내에 있는 율곡교원연수원에서 근무하고 있었다. 사전에 약속이 없었는데 융산 님과 몇 분 여자교무님들이 찾아오셨다. 도봉교당 교도님이 전방 쪽에 사놓은 땅을 희사할 의향이 있다 하여 거기를 답사하고 돌아오시던 길에 들렀던 것 같다. 황급히 마중하면서 나는 잔뜩 긴장하였다. 교구장님을, 어르신을 좀 더 품위 있게 응접해야 하는데 기관장이 못 되는 나의 처지에 난감할 뿐이었다. 겨우 어설픈 자리에서 차 한 잔 대접하는 게 고작이었던가 싶은데, 그래도 경내를 모시고 다니며 안내하는 일만은 자신 있었다.

「이곳 자운산에는 율곡 선생과 신사임당을 비롯하여 여러 어른의 분묘가 있습니다. 대원군의 서원철폐령에 따라 없앴던 자운서원을 박 대통령 때 다시 세우고 성역화하였답니다. 덕수이씨 문

중에서 율곡선생의 정신을 계승하도록 당부하면서 이 땅을 무상으로 기증하였고, 경기도교육위원회에서는 전국 최초로 교원연수원을 여기에 건립하였습니다.」

언제부턴가 눈이 내리고 있었다. 함박눈이었다. 율곡 선생과 사임당의 유품을 수장한 율곡기념관을 안내하고 나자 땅에는 제법 수북이 찰눈이 쌓였다. 융산 님을 비롯하여 나머지 교무님들과 나는 걸음을 멈추고, 눈송이가 펑펑 쏟아지는 하늘을 바라보았다. 쓸쓸히 경내 정원을 지키던 나목들은 가지마다 층층이 눈꽃을 매달고 어느새 화려한 변신을 꾀하고 있었다. 그때 뒤에 있던 누군가가 몰래 뭉쳤던 눈덩이를 융산 님 뒤꼭지로 휙 날렸다. 나는 깜짝 놀랐다. 털모자를 쓰고 계시긴 했지만 눈덩이는 융산 님 머리에 보기 좋게 명중하였다. 무엄하게(?) 감히 교구장님께 눈덩이를 던지다니! 이런 무례한 행동을 하는 자가 도대체 누구냐? 나는 당장 불호령이 내리지 않을까 조마조마하였다. 그러나 머리를 돌리는 융산 님의 얼굴엔 그, 사람 좋은 웃음이 꽃처럼 활짝 피어났다. 융산 님은 얼른 엎드려서 눈을 뭉쳐 반격을 했다. 그러자 젊은 여자 교무들은 우르르 눈을 뭉쳐서 교구장님에게 몰매를 날리기 시작한다. 눈덩이는 모자에 가슴에 얼굴에 마구 날아들었고, 융산 님은 사방의 적들에 둘러싸여 고군분투하시느라 미처 제대로 뭉치지도 못한 눈덩이를 이리저리 마구 뿌려댔다. 뜻밖에 벌어진 눈싸움에 모두들 호호호 하하하 와자지껄 가관이었다. 화려한 동심 앞에는 근엄한 교구장의 권위도 없었고 정숙한 정녀들의 조신함도 없었다. 복사꽃 붉은 볼에 하얀 입김은 가쁘게 뿜어지고 옷마다 눈 얼룩이 낭자했다.

나는 융산 님 일행을 배웅하면서 묘한 기분을 맛보았다. 그야말로 유쾌 상쾌 통쾌! 큰스님과 젊은 비구니들 사이에 이런 눈싸움이 벌어질 수 있을까? 주교님과 젊은 수녀들 사이에 이런 눈싸움이 벌어질 수 있을까? 나는 융산 님께 품었던 일말의 의혹을 뽑아 버렸다. 그분은 권위주의자도 아니었고 청병에 걸린 까다로운 정남도 아니었다. 몸가짐이 정갈하되 심성은 따뜻하고 소박하고 겸허한 분 같았다.

융산 님이 서울을 떠나신 지 십여 년이 지난 얘기다. 아내가 총부를 갔다가 융산 님을 뵈었다고 했다. 저 멀리 융산 님이 보이는데, 자기 같은 걸 기억하실까 싶기도 하고, 못 알아보시면 어쩌지 걱정이 되기도 하더란다. 그런데 저만큼서부터 예의 활짝 웃음으로 다가오시면서, 도봉교당 주무님이라고 먼저 알은체를 하시더란 것이다. 황송하기도 했지만 꽤나 고맙더란다.

2006년, 융산 님께서 인편에 책 선물을 보내주셨다. 《원불교정전도해·대산종사법문》, 4·6배판으로 얼른 보면 두툼한 학습장 같은데 표지가 견고하게 되었고 내지는 더욱 고급스럽게 편집되었다. 당신의 말씀은 되도록 아끼시면서 정전과 대산종사법문을 후진들에게 손에 잡힐 듯 간절한 마음으로 보여주신 뜻이 마냥 고맙다. 퇴임 후에도 공부하시고 가르치시기를 게을리 않는 모습이 만만치 않으시다.

好淸嫌濁槪可當(호청혐탁개가당)
맑음을 좋아하고 흐림을 싫어함은 대체로 당연하다
愛善憎惡凡至當(호선증악범지당)
선을 사랑하고 악을 미워함도 무릇 지당하다 하리라
雖然至淸無魚水(수연지청무어수)
비록 그러하나 물이 너무 맑으면 고기가 못 사니
淸濁竝容聖人道(청탁병용성인도)
맑음과 흐림을 함께 용납하는 것이 성인의 길일지라

융산 김법종

융산 님은 1936년 전남 영광군 불갑면에서 김찬경 님과 유경애님을 부모로 하여 출생하였다. 원기40년(1955) 불갑교당에서 윤산 김윤중 교무를 연원으로 입교한 후 1957년 출가하였다. 이후 선원과 원광대에서 수학한 후 1964년 교무 발령을 받았다. 총부와 광주교당 경주교당 동산선원 등지에서 근무하다가 1975년 청주교당 주임교무를 거쳐 1980년 청주교구장이 되었다. 1982년 수위단 사무처장을 지내고 동산선원을 거쳐 1988년 서울동부교구장 겸 종로교당 교감이 되어 2년간 봉직하였다. 이후 지리산운봉훈련원 원장으로 5년, 둔산교당 교무 5년, 그리고 대전원광수양원을 거쳐 이후 5년간 교화훈련부 순교감으로 법풍을 불리다가 2005년 퇴임하였다. 퇴임 후에도 순회법회, 저술 등으로 대중교화와 수행 정진을 게을리하지 않는 중이다.

20-〈좌타원 김복환〉 편

효심과 열정이 이글거리는 젊은 원로법사

　내가 좌타원佐陀圓 김복환金復煥 종사를 처음 뵌 것은 겨우 1990년대 후반이나 되어서인 듯하다. 입교 50여년에 교당 생활을 쉰 적도 거의 없으니 그 사이 어떤 자리에서라도 만날 법한데 인연이 없었던가 싶다. 지면에서는 더러 뵈었을 텐데 그것도 별 관심을 갖지 않았던 모양이다. 그런데 한번은 영산원불교대학교(영산선학대 전신)의 총학생회 초청을 받아서 간 길인데 거기 좌타원 님이 초대총장으로 계셨다. 잘 알지도 못하던 처지에 아마 의례적인 인사만 드리고 말았던 듯싶다.

　한낮에 혼자 경내를 걷다가 우연히 좌타원 님을 만났다. 반갑게 웃으시며 함께 산책을 하자고 꾀셨다. 그러잖아도 낯가림이 심한 데다 초면이라 망설여졌다. 더구나 이분이 어떤 분인가. 현직 종법사 따님이란 출신성분에 경력 빵빵한 원로교무에 영세할망정 대학교총장이란 감투까지 쓴 분이다. 이래저래 버거워 별로 내키지는 않았지만, 어른 대우를 해드리느라고 뿌리치질 못하고 발걸음을 나란히 하게 되었다. 처음엔 그저 한 10분쯤 옆에서 거닐며 말벗이나 해드리면 풀려나리라고 생각하였다.

　좌타원 님은 나를 이끌고 중앙봉으로 해서 정관평으로 돌아 한참을 걸으시며 대종사님과 정산 종사를 비롯한 선진님들의 일화랑 초기 교단사를 이야기하셨다. 뿐만 아니라 현재의 성지사업에 대해 자상한 브리핑까지 하셨다. 당시는 양돈을 하고 있었는데 돈사로 끌고 가서는 발효사료를 쓰고 톱밥을 깔아서 고약한 냄새가 나지 않도록 유기농 축산을 하는 사연까지 조용조용 설명하셨다. 그 말씀하시는 품이 쉽사리 나를 놓아주실 뜻이 없어 보였다. 이건 산책이 아니라 답사라고 해야 맞고, 대화라기보다는 일방적 강의였다. 건성건성 고개나 끄덕거리면 놓여나겠거니 한 내 계산이 엄청 착오임을 깨닫는 데는 그리 오랜 시간이 걸리지 않았다. 나는 이 어른이 나를 언제 봤다고 이렇게 친절(?)할까, 고개를 갸우뚱거렸다. 그러는 동안 겸손하면서도 집요한 좌타원 님의 열정에 그만 감동해 버렸다. 한편 생각하면 이분이 우연을 가장했지만 나를 만나 산책에 끌어들이기까지 애초부터 상당히 계산된 데이트였음을 느꼈다.

　좌타원 님은 말씀하시는 틈틈이 그 가무잡잡하되 윤기 나는 얼굴에 종종 하얀 치아를 드러내고 나를 쳐다보셨다. 대산 종사를 빼닮아 쌍꺼풀 없이 자그마한 그 눈을 유난히 반짝거리고, 아주 예쁜 미소로 나를 매료시키면서, 썩 오래 전부터 알고 지내던 사람을 만난 듯 대해 주셨다. 지금도 그 이면이 궁금할 정도다.

그 후 다시 뵐 일도 없이 나도 무심히 지냈는데, 대산 종사 열반 이후 좌타원 님은 손수 내게 연하장을 보내시기도 하고 친필 서신이며 법문이 쓰인 인쇄물이며 서책이며 등을 보내 주셨다. 참 송구스럽지만 답례조차 제대로 하지 못한 것 같다. 다만 외람되게도 《대산종사법어》 감수 같은 일만은 겨우 시키시는 대로 했다. 대산종사추모문집에 실을 글을 부탁하는 공문을 받았을 때도 나는 차일피일 하다가 원고를 못 보냈고, 이듬해 손수 써 보내신 청탁 서신을 받고서야 부랴부랴 원고를 보내드렸다.

대산종사 탄신100주년을 앞두고 서울원음합창단에서 대산종사 탄백기념 칸타타를 공연한다고 내게 노랫말을 청탁했다. 젊은 감각이 필요하니 다른 사람을 찾아보라고 두 달을 빼다가 어쩔 수 없이 수락했다. 대종사 탄백(1991)에 《소태산 박중빈의 문학세계》를 출판하고, 정산 탄백(2000)에 총체극 〈달아 높이곰 돋으샤〉의 대본을 쓰고, 다시 대산종사 탄백(2014)에 칸타타 〈구만리 하늘에 봉황이 날다〉의 대본을 썼다는 것도 영광이다. 어느 날 내게 전화를 하시더니, 대본을 보았노라시며 고맙다 잘하라 하시며 격려를 보내셨다. 모른 체하실 턱이 없다는 건 내 진즉 알았지만, 정작 말씀을 받들고 보니 정신이 바짝 든다.

육신을 낳아준 어버이시자 법신의 스승이신 대산 종사께 향한 효심도 효심이려니와, 상대로 하여금 절로 감동하여 움직이지 않을 수 없게 하는 에너지는 좌타원 님의 식을 줄 모르는 열정에서 나오는 듯싶다. 하기야 나처럼 수줍음이 많고 소극적인 사람을 끌어들여 공부를 시키거나 일을 시키려면 좌타원 님 같은 열정과 적극성이 아니면 쉽지 않을 듯도 하다.

좌타원 님의 설법은 두어 번밖에 못 들었지만, 나는 이분만큼 열정적으로 법설을 하시는 어른도 별로 못 본 듯하다. 다른 법사들보다 유난히 길게 하시는 데다 이제는 끝나려나 보다 하면 또 나오고, 이젠 정말 마치시려나보다 하면 또 이어지기를 적어도 서너 번은 해야 끝이다. 그것도 그냥 끝내는 것이 아니라 당신이 선창하는 구호(기원문 결어)를 대중보고 따라 하라고 하시고는 그때부터 힘찬 구호가 나오기 시작하는데, 그것도 웬 구호가 그리 긴지 몇 분이나 연호하고서야 끝이란다. 그래도 워낙 열정적으로 하시기에 지루하다거나 따분하다는 기분은 들지 않는다. 그래서 명설법이다.

신년휘호 삼아 보내주신 글을 보아도 질린다. 일심합력, 일심단합, 일심화동, 일심불공……일심문화, 일심산업, 일심교육까지 그 일심 시리즈가 끝없이 나오는 판이다. 그 중에, 히야! '일심' 아닌 것도 하나 있네, 싶어 보니 '일편단심' 이다. 그러니까 '일심' 의 결정판이다. 어찌 그뿐이랴! 마무리 서명조차 '좌타원 합장' 이 아니라 '좌타원 일심' 이다.

언젠가 좌타원 님은 내가 다니는 일산교당에 오셔서 법설을 하셨다. 여전히 그 열정적인 법설을 마친 후 방에서 잠시 모시고 있자니, 인연 있는 이들 몇이 와서 인사를 드린다. 그러자 몇 말씀 뒤에 가방을 열어 부스럭부스럭 하신다. 뭘 주시려나 궁금하다. 그런데 몇 가지 인쇄한 법문을 꺼내서 사람마다 선물하듯 한두 장씩 주신다. 더러는 어린 자녀를 데리고 와 인사를 시킨다. 가만히 지켜보자니 절을 받은 후 이번엔 지갑을 꺼내신다. 그 모습이 꼭 세배 받은 어른이 애들에게 세뱃돈 주려 하는 폼이다. 속으로는, 전무출신이 뭔 돈이 있기에 애들 용돈까지 챙기시려나 걱정스러웠다. 그러나 웬걸! 지갑에서 꺼낸 것은 법문을 찍어 코팅한 미니 인쇄물이었다. 그러면 그렇지! 나는 속으로 웃음이 절로 나왔다. 자나깨나 오나가나 교화대불공이시니 못 말리는 교무이시다. 가방은 물론 지갑 속에까지 전도지(?)를 가지고 다니시고, 그것도 화투장 만한 것부터 에이포 용지 크기까지, 두꺼운 아트지부터 얄팍한 화선지까지 다종다양이다.

2013년 8월, 대산탄백기념 칸타타 공연을 준비하느라 서울원음팀과 함께 비교도인 작곡자, 지휘자 등을 동반하고 성지순례를 했다. 폭염이 찌는 날, 총부 들렀더니 좌타원 님이 찻집 '운수의 정'으로 우리 일행을 초대하셨다. 칸타타 공연을 격려하시는 것까지는 그러려니 했는데, 웬걸! 예의 전도지와 팸플릿을 잔뜩 준비해 오셔서 일행에게 무더기로 돌리시는 게 아닌가. 역대 종법사 사진 모음이나 대산 종사의 유묵 '천지대공사' 카드 등 레퍼토리가 더 늘어났다. 인쇄물 분배로 1부를 마친 종사님이 이번엔 예의 열정적 법설로 2부 판을 여시는데 '철부지 젊은 것들' (?)은 사 주시는 팥빙수에 얼이 꽂혀서 정작 종사님께는 눈길조차 주지 않는 모양새다. 노인네가 입술이 마르도록 메아리 없는 열변을 토하시는 게 안쓰럽게만 보이지만 "봉산이 나 이런다고 홍보는 거 다 아는데…" 이렇게까지 배수진을 쳐놓고 하시니, 내가 무슨 말로 말릴 것인가.

대종사는, 원 없는 데에는 무슨 일이든지 권하지 말라(솔성요론 15) 하시고, 정산 종사도 강요성 포교나 과도한 선전을 금하셨지만, 오늘날 우리 교단에 부족한 것은 열정적인 교화의지가 아닌가 하는 생각을 떨쳐버릴 수 없다. 「내 손길 닿는 곳 내 발길 머무는 곳 내 음성 메아리치는 곳 내 마음 향하는 곳마다」 교화하는 어른 좌타원 님을 뵈면 부럽고 부끄럽다. 내가 못 하는 일이기에.

以身孝之當必要(이신효지당필요)
몸으로써 효도함은 마땅히 필요하고
以心孝之亦必要(이언효지역필요)
마음으로 효도함도 역시 필요하다
以物孝之何不要(이물효지하불요)
물질로 효도함 또한 요긴하지 않으랴만
以道孝之最必要(이도효지최필요)
도로써 효도함이야말로 가장 필요하도다

좌타원 김복환

좌타원 님은 1938년 익산 불법연구회(원불교 전신) 총부에서 대산 김대거 종사와 선타원 이영훈 종사의 2남 4녀 중 차녀로 출생하였다. 대종사께 직접 법명을 받고 대종사와 정산 종사를 비롯하여 교단의 스승님들 법하에서 사랑을 받으며 어린 시절을 보냈다. 원광대 교학과 졸업 후 원광여중고를 거쳐 법무실에서 4년간 대산 종사를 모시고 봉직하며 스승님들의 경륜을 체받는 소중한 기간을 가졌다. 1970년부터 5년간 영산선원에서 개교반백년 성업에 정성을 바치며 후진양성에 심혈을 기울였고 이후 정토회 교당, 원광 이리 새마을 금고를 거쳐 교정원 교육부·훈련부·교화부장을 역임하며 교화와 사업에 성취한 바가 많다. 1985년 이후 예비교역자 정기훈련을 비롯한 각종 훈련의 제도 정착이라든가 삼동청소년회, 완도청소년훈련원 등 청소년 교화 활성화 등에 업적을 쌓았다. 1995년 영산원불교대 학장으로 부임, 2년 후 4년제 정규대학으로 승격시켜 초대 총장에 취임하였다. 수위단원 피선, 대봉도위 서훈을 거쳐 종사위에 올랐고, 2006년 퇴직 후에는 전국을 순회하며 일선 교화에 힘을 보태고 있다.

제5장

연꽃인 양
향기도 그윽하다

- 서산 이종진 편
- 연산 김학인 편
- 경산 장응철 편
- 응타원 이창원 편
- 헌산 길광호 편

21-〈서산 이종진〉 편

구도정성과 교화열정으로
후진을 받드시다

내가 서산誓山 이종진李宗眞 종사를 가까이서 처음 뵌 것은 원기 66년(1981) 6월 도봉교당에서였던가 싶다. 다소 창백한 안색에 여성적인 마스크와 작은 눈이 인상적인 분이었다. 법설하시는 것을 보면 느긋하게 시작은 하시는데 속도가 좀 빨라지면 눈을 지그시 감으면서 열정을 뿜어내셨다. 그렇다고 목소리가 크거나 우렁우렁하는 에코 모드도 아니건만 가슴을 울리는 뜨거움이 느껴졌다. 얼른 보면 원불교 교무보다는 개신교 목사의 설교 스타일을 더 닮았다고나 할까.

내가 교육부 부탁으로 중학교용 종교교과서 《종교와 원불교》 (1995)를 낸 후, 이듬해 대구경북교구 훈련이던가에 초청받아 갔더니 강사진이 마침 재가 쪽은 나요, 출가 쪽은 서산 님이었다. 법기는 했어도 가까이 모신 적은 없는데, 서산 님이 나를 보시고 반가워하시더니 내가 지은 《종교와 원불교》를 거명하시며 "청소년들에게 맞도록 아주 잘 썼어요. 내가 감동해서 몇 십 권 사다가 이 사람 저 사람 주었구먼!" 하셨다. 말씀이 고맙기도 하고 기분이 꽤나 우쭐했다. 그 후 내가 〈한울안신문〉에 '틈새선진열전' 이라 하여 연재할 무렵, 구타원 종사 편이 나간 직후 종사님이 내 휴대폰으로 문자메시지를 보내오신 적이 있다. 내 글에 고개를 끄덕이며 재미있게 보고 있노란 말씀과 함께 꽤 추어주시는 내용이었다. 띄어쓰기도 없이 꽤나 길게 쓰신 글인데 그걸 보노라니, 어두운 눈을 비벼가며 한 글자 한 글자 어렵사리 타자하시는 노인의 모습이 눈에 선해서 가슴이 찡했었다. 그러더니 정초엔 먼저 새해인사 메시지를 보내셔서 나를 염치없게 만들었다.

중간에 더러 뵙기는 했어도 열반 전 마지막으로 뵙기는 2011년인가 싶다. 내가 있는 일산교당 교도훈련에 초빙법사로 오셔서 이틀간 머무셨다. 일원상서원문을 가지고 하셨는데, 이전처럼 열정적으로 하긴 하시건만 음성에 활기가 없었다. 속으로, '나이 앞엔 장사 없다' 더니, 서산 님 같은 어른도 별수 없구나 싶어 마음이 아팠다. 특히 생애를 돌아보고 정리하는 부분에 시간 할애를 많이 하시니 그게 가실 날이 머지않음을 예감하고 그러시는 듯해서 숙연한 느낌이 들었다. 젊은 날에 함께 고생한 도반들이 좀 편하고 보수가 낫다고 줄줄이 원광대로 자리를 옮길 때 얘기였다. 당신도 갈 수 있었고, 간고한 형편에 가족들이 당하는 어려움을 보고 마음이 잠시 흔들리더란다. 그렇지만, 교무의 본분은 교화 일선에 전력專力하는 것이란 판단으로 마음을 추스르고 일직심으로 나아갔는데, 지금 생각하면 그때 그게 얼마나 잘한 결심이었는지 모르겠다는 말씀도 하셨다.

모시고 공양을 함께 하게 되었다. 나는 서산 님과 껄끄러운 사연이 있어서 마주 뵙기가 좀 죄송스러웠다. 사연인즉 2006년 무렵 원불교신문에서 한종만 원로교무와 서산 님이 《정전》 교의편 일원상 장章의 '일원상의 진리' 해석을 놓고 논쟁이 붙었는데 부득이하게도 편이 갈려 찬반 논란이 몇 주 계속되었었다. 나는 체용론體用論에서 서산 님과 생각이 좀 달라 한 교무 주장을 지지하는 글을 발표하였다. 그 일로 마음을 다치셨거나 혹시 아직도 그 일로 서운한 생각을 가지고 계시지나 않을까 은근히 걱정이 되었던 것이다. 한편으론 '해를 거듭 넘겼으니 잊어버리셨겠지' 하고 자위하면서(실은 잊어버리셨기를 기대하면서) 밥상을 마주하였다. 종사님은 나와 마주한 자리를 반가워하시고 이런 저런 말씀과 함께 공양을 드셨다. 나도 '도둑이 제 발이 저려서' 불편하던 마음이 가라앉았다.

"요즘엔 책을 안 쓰시나?"

"웬걸요! 실은 근년에 《소태산의 문학세계》 증보판과 《원불교의 문학세계》를 새로 썼습니다."

나는 책의 얼개와 내용을 대강 설명해 드렸다.

"언제쯤 출판이 되지?"

"실은 출판비 마련을 못 해서 작년부터 고심 중입니다. 어차피 대중에게 팔릴 책으로 쓴 것이 아니니 자비출판을 해야겠는데 그게 뜻대로 안 되네요."

실제로 나는 난감한 처지에 있었다. 전년도부터 원불교백년기념사업회에 후원이 가능한지를 타진해 보았었다. 늦게나마, 가능하다는 언질이 왔고, 원고 검토를 하겠다고 하여 원고를 보냈다. 만족스럽다는 메시지도 왔다. 그러면 이제 후원을 받겠구나 철석같이 믿었는데, 웬걸! 부지하세월이다. 이렇다 저렇다 말을 해 주어야 답답하지나 않으련만, 뒤늦게 얻어들은 사정은 한두 해 뒤에나 지원을 기대할 수 있다는 것이다. 나는 그 무렵, 책 쓰느라고 두 해쯤 컴퓨터를 안고 살았더니 치질이 악화하여 결국 그 고약한 수술까지 받아야 했다. 그런데 아등바등 겨우 작업을 마무리했으나 출판은 안개 속이라, 절로 주눅이 들었다.

서산 님이 익산으로 돌아가신 지 한 주일 아니면 열흘쯤 지났을까, 원로원에서 내게 문자를 보내셨다. 이전처럼 띄어쓰기도 하지 않고 빽빽하게 찍은 메시지, 골자인즉 출판비를 당신이 마련해 볼 테니 얼마면 되겠느냐는 말씀이었다. 나는 말씀이 고마워서 감격했다. 그렇다고 돈이 얼마 드니 대주시면 고맙겠노라 하는 식의 답장을 드릴 수는 없는 노릇이다. 나는 '잘 해결될 듯하니 너무 걱정하지 않으셔도 됩니다' 하고 사양하는 답신을 보내며, 괜한 말씀을 드렸구나 후회했다.

그러나 정작은 답신과 달리 '잘 해결될' 길이 막연했다. 나는 몇 해 전(2005) 원불교문인협회 총회 자리에서 강연을 하면서 대중에게 한 약속이 기억에 생생해서 괴로웠다. 100주년에 원문협에서 기념사업을 하나라도 하자고 주장하면서, 나도 개인적으로 연구서 하나쯤 내려고 고심 중이라고 고백했다. 교단의 도움 없이 자비로 한 천만 원쯤 들여 출판할 용의가 있다는 휘소리까지 쳤다. 그러나 당시 통장에 모은 돈은 천만 원에 한참 못 미치고, 천만 원이 모인다 해도 책 두 권을 내기에는 어림도 없다. 예수님이 '너희에게 이르노니 도무지 맹세하지 말지니라.' (마태복음) 하신 말씀이 생각났다. '맹세' 까지는 아니지만 '약속' 도 매한가지다. 그때 흥분한 김에 내가 혼자서 한 약속을 지금 누가 기억이나 하랴만, 내가 나를 속일 수는 없잖은가.

  그런데 마침 어느 문우의 소개로 만난 명사 한 분이 내게 당신 전기를 써달라고 부탁했다. 그때도 내 나이 이미 칠순이 턱밑이어서 나이에 비해 무리한 작업이긴 했지만, 나는 몇 달 동안 이 아르바이트에 올인했다. 거기서 8백만 원이 나왔다. 나는 가진 돈을 다 긁어모았다. 마침 임진년(2012) 용의 해를 맞이하여 낸 책《미르(龍)》의 인세가 들어와 그것도 다 밀어 넣었다. 그렇게 해서 《새로쓴 소태산박중빈의 문학세계》와 《원불교의 문학세계》 등 두 권을 원불교출판사에서 겨우 냈다. 결산을 하고 보니 내게서 나간 돈이 1800만원이었다. 아르바이트로 번 돈 800만 원을 제외한 내 돈은 정확히 1천만 원이 들었던 것이다. 계산을 마치고 난 나는 소름이 돋았다. 진리만큼 무서운 게 없다.

나는, 어렵사리나마 출판이 이루어진 공덕을, 궁지에 빠진 나를 부추기고 책이 나올 수 있도록 기운을 밀어주신 서산 종사님께 돌리고 싶다. 적어도 800만 원짜리 아르바이트 일자리를 얻게 된 것은 서산 님이 법신불께 로비(?)를 해서 내게 선연을 보내준 것만 같았다. 그들 책이 나오자마자 종사님께 제일 먼저 증정할 마음이 내킨 것도 그런 연유에서였다.

人約自誓各所重(인약자서각소중)
남과의 약속이나 혼자 한 서원이나 다 소중하며
師友認定益所重(사우인정익소중)
스승이나 벗에게 인정받는 것은 더욱 소중하다
誓山無錢助出版(서산무전조출판)
서산 님은 당신 돈 안 들이고 출판을 도왔거니와
鳳山爽快報舊債(봉산상쾌보구채)
봉산은 묵은 빚을 갚은 셈이니 기분이 상쾌하더라

서산 이종진

서산 님은 1939년 전북 정읍에서 부친 이연기 님과 모친 정타원 신정리화 정사의 6형제 중 차남으로 출생했다. 어려서부터 죽음의 세계에 대한 많은 의구심을 가지고 성장하다가 원기48년(1963) 화해교당에서 입교하고, 1966년 법산 이백철 종사 추천과 공타원 조전권 종사 보증으로 전무출신을 서원하여 1969년에 서원승인을 받았다. 30대초에 앓은 폐결핵을 비롯하여 건강에 어려움이 있었지만 한결같은 수행으로 생사해탈을 추구하였다. 동산선원, 중앙훈련원, 부안교당, 남중교당 교무를 거쳐, 1994년 대전충남교구 교구장에 이어 교정원 부원장, 원광대교당 교감, 중앙교구 교구장 등을 역임하였다. 남다른 적공과 교화 경험으로 설법에 능했다. 이듬해 퇴임 후에도, 중앙중도훈련원 교령에 발령받아 고경강의를 하고, 종종 지방교당의 법회와 교리강습에서 초청법사로 활동했다. 2013년 열반에 드니, 세수는 75세요, 법랍은 47년 5개월, 법위는 출가위다.

22-〈연산 김학인〉 편

좋다 잘한다
늘 칭찬만 할 줄 아는 어른

내가 연산然山 김학인金學仁 교무를 처음 알게 된 것은 언제일까, 기억에 없다. 중요한 것은 대면으로 보다 서신 왕래로 알게 되었다는 것이다. 아마 연산 님이 원불교신문사에 계시던 원기56년(1971) 무렵에 신문에 발표한 내 글을 보고 연산 님이 격려 편지를 보내신 것이 단초가 되어 마음을 트게 된 것이 아니었던가 싶다. 신앙심과 문학애가 우리의 소통 코드였을 것이다. 언젠가는 익산에 가서 연산 님을 만나고 댁에 초대되어 가서 점심을 잘 대접받고, 댁에서 운영하는 탁구장에서 탁구도 치고…그런 추억이 있다. 그때 기억 중엔 누군가가 귀띔해 준 두어 가지 정보도 있다. 연산 님의 안색이 별로 안 좋아 보였는데 그것은 이분의 건강이 안 좋아서라는 것, 그리고 연산이 이전에 입산 출가의 전력이 있다는 것 등이었다.

그 후 한 동안 서신 왕래가 잦다가 또 뜸하기도 했지만 서로에 대한 관심과 애정은 지속되었던 모양이다. 더러 교단 기관지 등에서 서로의 글을 읽거나 기사를 통해 동정을 알고는 지냈지만 만날 기회가 많지는 않았다. 그러다가 원불교문인협회라든가 서울문인회라든가 하는 단체에서 활동하면서 모임이 있을 때 만났다. 연산 님은 원문협 지도교무를 맡기도 하여 출석률이 좋았다. 모임에선 설법이나 축사 순에 신앙과 문학을 이야기하고 격려의 말씀을 했다. 그런데 연산 님 말씀을 듣다 보면 일관된 것이 있다. 늘 칭찬하고 잘한다고 격려하는 것이다. 어떤 일을 두고 잘했다고 칭찬하기도 하고 사람을 찍어 칭찬하기도 하신다. 더러는 꾸짖기도 하고 좀 비판적인 충고도 있으련만 늘 잘한다는 것이요 늘 칭찬이다.

연산은 공개적으로 혹은 사적으로 나에게도 칭찬과 격려를 많이 해 주셨다. 그 중에도 나의 시 작품 중 하나를 두고 집중적으로 칭찬하셨다. 그것이 우이동 봉도청소년수련원 봉불식 때 쓰인 행사시 〈천이냐 만이냐 억만 아니냐〉이다. 나는 목소리도 나쁜 데다 워낙 수줍은 성격이라 어느 자리서든 내 시를 내가 낭송한 일은 매우 드물다. 이때도 나는 낭송은커녕 현장에 얼굴조차 내밀지 않았고, 대신 낭송전문가를 초빙해서 시켰더란다. 연산 님 말씀인즉, 시낭송을 들으며 몸에 소름이 돋았다나 영혼이 몸서리를 쳤다나, 뭐 그 비슷한 말로 내 시를 격찬하시는 거다. 언제 시인을 자처해 본 일도 없거니와 이런 칭찬에 참 몸둘 바를 모를 노릇이다. 도대체 어떤 작품이기에 이 야단인가 궁금한 분도 있을 듯하니 맛보기로 좀 읽으시라.

 삼각산하고도 우이동, 첩첩이 우거진 숲 골골이 청청한 계곡이라/너희들 향그러운 내음, 맑은 흐름이 장히 좋구나/천년이냐 만년이냐 억만년이냐/백두대간 태백 줄기 맥을 이은 땅/용맥(龍脈)의 정기 모여 혈(穴)을 튼 곳이란다//(중략)//인수봉아 백운대야 솟아라 솟아라/견우성 북두성 미리내까지/훨훨훨 홰를 치며 날아 솟아라/우이계곡 쇠귀내야 흘러라 흘러라/한강이라 황해바다 태평양까지/우랄랄라 노래하며 질펀하게 흘러라//여기서 너희들 얼이 열리고 슬기가 샘솟을지니/몸을 닦고 맘을 닦고 영혼을 맑히우라/우리 님 씨 뿌리신 수도 서울의 텃밭이니/성불의 꿈 제중의 꿈을 알뜰히 가꾸거라/용이로다 봉이로다 여래 키울 둥지로다/천이냐 만이냐 억만 아니냐.

 헤! 별 것 아니네. 맞다, 별 것 아니다. 연산 님의 시는 생략과 비약을 기본으로 극히 절제된 표현미를 추구하는 선시인지라 반복과 점층 기법의 이런 시풍과는 정반대다. 그런데 연산 님은 이 시가 좋단다. 늘 칭찬이 늘어진다. 그런데 나한테만 그러는가 했더니 다른 분한테도 칭찬을 썩 잘하신다. 이 양반, 비행사도 아니면서 남 비행기 태우는 데 달인이다. 칭찬은 고래도 춤추게 한다지만, 아무래도 찬사가 좀 헤퍼 보인다. 에이, 그걸 모르고 나만 괜히 홍분했잖아. 은근히 부아가 치민다. 그래서 그 다음부터 연산의 칭찬은 적당히 에누리해서 듣기로 했다. 어느 때는 절반으로 뚝 꺾어서 듣고, 어느 때는 반의 반으로 접어 듣는 거다. 그래도 잘한다 추어주고 칭찬해 주면 기분이 그다지 나쁘지는 않다.

그런데 근래 한 동안은 내 글을 보시기만 하면, 전화를 하여 격찬을 보내시는 거다. 단지 글솜씨가 좋다거나 그런 거면 적당히 겸사謙辭를 곁들여 대꾸하면 그만이다. 하지만 그게 아니다. "봉산 님은 여래시오. 이런 글은 여래가 아니면 쓸 수 없어요." "무슨 그런 과찬을…" "아니요, 봉산여래요. 정말 대단해요." "아이고! 그냥 격려하시는 뜻으로 듣겠습니다. 고맙습니다." "아니, 그냥 하는 말이 아니요. 이건 여래 아니면 나올 수가 없는 글이라니까." 이쯤 되면 속으로 부글부글 짜증이 난다. 당장 "여래는 무슨 얼어죽을 여래? 나 진짜로 여래 아니라니까!" 이렇게 고함이라도 치며 끊고 싶지만, 웃자고 하는 말에 죽자고 덤벼드는 꼴이 될 테니 그도 못하고 참 난감한 노릇이다. 그런데 이게 한두 번이 아니라는 데 문제의 심각성이 있다.

범부보고 자꾸 여래라고 하시니 곡절이 있겠다 싶어 곰곰이 생각하니, 그게 차츰 이해 못 할 바도 아니다 싶다. 부지런히 공부 잘하여 여래위에 오르라는 덕담이라고 보면 되잖아? 아니, 그보다는 각자 사람마다 자성불을 품고 사니 여래라 한들 그리 망발도 아니지. 그럼 다음부턴 이 양반한테 연산여래라고 불러주면 되겠네. 그러고 보니 기분이 갑자기 좋아진다.

이 대목에서 생각나는 선진이 있다. 공타원 조전권 종사다. 우리 회상에 '여자 전무출신도 제일 먼저, 정녀도 제일 먼저'라는 분이다. 내가 입교한 직후 서울교당에서 종종 뵈었던 분이다. 살갗이야 좀 가무잡잡한 편이지만 살집이 있어 복스러운 데다 항상 웃는 얼굴이었는데, 법설을 하시면 음성도 좋지만 구변이 그렇게 좋으실 수가 없었다. 한번은 그 유명한 황희 정승 이야기를 하신 기억이 난다. 이 종이 와서 하소연하면 네 말이 맞다, 저 종이 와서 변명하면 네 말도 맞다, 부인이 그걸 나무라니 당신 말도 옳소, 했다는 그 유명한 이야기 말이다. 누구에게나 칭찬을 잘하시고 무엇이나 좋다 좋다 하시어 별명이 '좋다보살'이셨다. 시비를 가려서 나무랄 일은 나무라고 꾸짖을 사람은 꾸짖어야 하겠지만, 더러는 이렇게 잘못을 너그럽게 감싸주고, 하찮은 것도 좋다 좋다 추어주며 별스럽지 않은 일도 잘했다 잘했다 칭찬하는 분도 필요한 것 아니겠나.

천진불 연산 님, 더러 뻥이 좀 세도 좋으니까 후진들 부디 칭찬 많이 하시고 격려 자주 하시기를 천만 축수합니다. 다만 '여래'까지는 좀 그렇네요. 80%세일, 뭐 그 비슷한 할인판매 같아서요.

我昔如來位(아석여래위)
내가 예전에 여래위에 있었듯이
今亦如來位(금역여래위)
요새도 나는 여래위에 있거니

何勞修得覺(하도수득각)
깨달음 얻겠다고 어찌 아등바등하랴
但天靑地黃(단천청지황)
다만 하늘은 푸르고 땅은 누를 뿐이다

연산 김학인

연산 님은 1940년 충북 괴산에서 김동석 님과 송태정 님을 부모로 하여 태어났다. 1960년 부산교당에서 향산 안이정 종사를 연원으로 하여 입교하였고, 1964년 중산 정광훈 교무를 연원으로 하여 출가하였다. 1961년 이후 원불교신문사 기자, 원광공민학교 교사를 거쳐 1973년 이후 3년간 교화부에서 편수원으로 근무하다가 다시 해룡고 교사로 2년 동안 근무하였다. 1977년 동산선원 발령을 받아 9년간 후진 양성에 힘썼다. 1986년부터 문화부 차장으로 3년 근무 후 원불교중앙박물관장으로 15년을 근무하였다. 2004년 교화훈련부 순교감 발령을 받고 5년간 교화 일선을 누비다가 2009년 퇴임하였다. 범산 이공전 종사가 '도를 생각하고 풍류를 아는 제법 뼈대 있는' 시인이라고 칭찬한 바도 있듯이, 그는 문학에 조예가 깊어 시집 《야들아! 달 끄슬겠다 외등 꺼라》 등을 냈고, 2000년 원불교문인협회장에 추대되어 일원문학 발전에 힘쓰기도 했다.

23-〈경산 장응철〉 편

도저한 학문과 맑은 수행에
자비훈풍 따뜻하니

내가 경산耕山 장응철張應哲 종법사를 처음 뵌 것은 이분이 서울교구 사무장으로 계시고 내가 도봉교당 다니던 1970년대 후반이 아니었나 싶다. 아내의 귀뜸인즉 그 이전 평택교당에서 뵈었다 하는데 아쉽게도 내 기억은 지워져 있다. 도봉교당 20년사에 보면 1980년부터 1995년까지 사이에 7차례나 다녀가셨다. 체구도 장대壯大하신 편이고 용모가 헌칠하여 대종사님의 모습을 떠올리게 하는데, 삭발하기 이전이고 젊으신 터라 당시엔 두상에 숱이 많으셨다. 음성은 부드럽고 감칠맛이 났다. 정남이시라 하니 더러는 '인물이 아까워서 어쩐다냐' 했다.

그후 경산 님은 총부로 가시어 총무부장을 맡으시기도 하고 청주교구장을 맡기도 하시다 보니 뵙기가 어려웠는데, 학력인정조차 받지 못하던 영산대학(현 영산선학대)에 가서서는 정식 대학으로 승격시키고자 건축불사 등 애를 쓰셨다. 바로 그 영산대학의 초대학장으로 계시던 1991년, 대종사탄생백주년 행사를 치르고 나서 얼마 후 경산 님이 내게 달마도 한 점을 보내 오셨다. 내가 그 해 봄에《소태산 박중빈의 문학세계》를 낸 것을 축하하고 격려하시는 뜻이었다. 몇 해 후 경산 님이 서울교구장으로 오셨고, 덕분에 종종 뵈올 기회가 생겼다. 1994년에 나는 지인 셋과 함께 수필집(율곡의 손바닥에서 노는 2남2녀)을 냈는데 거기에 달마도를 주제로 내가 글을 써서 실었다. 고산 이운권 종사님이 주신 달마도와 경산 님이 주신 달마도를 함께 놓고 내 소감을 쓴 글이었다. 거기 이런 대목이 있었다.

 서재에 있는 달마도는 원불교 교무인 경산 장응철 님이 특별히 나를 위해 그려 보내신 작품이다. 갈대를 타고 서 있는 달마는 원광을 뒤로 하고 서 있긴 하지만 거룩하게 보이기보다는 역시 화등잔 같은 눈, 앙 다문 입, 위로 뻗친 눈썹, 울퉁불퉁한 두상, 귀고리를 달고 있는 기다란 귀, 양쪽 귀 앞에서부터 마주 연결된 무성한 구레나룻 등 모두가 전형적 달마상이 틀림없다. 고맙게도 경산 교무는 거기에 선미禪味 가득한 4언시 한 수까지 적어 보내셨다.
 空山月出(공산월출: 빈산에 달 솟으니)/山河銀花(산하은화: 산하가 은빛 꽃이로다)/心田性露(심전성로: 마음밭에 성품 드러나니)/俗界圓花(속계원화: 속된 세상에 둥근 꽃을 피우리라)   (2남 2녀, p.197)

이 수필집은 교구장 집무실이 있는 서울회관으로 가서 뵙고 올려드렸다. 그 후 1998년에 이번엔 경산 님이 책을 내셨다. 노자의 도덕경을 새기고 해설한 《노자의 세계》다. 내게 한 권을 주시면서 "읽어보고 고칠 곳이 있으면 알려 주시오. 새 판 찍을 때 참고하게…" 하고 부탁하셨다. 그 말씀을 받들어 정독하고 내 나름으로 교정하고 첨삭하느라고 빨간 펜으로 낙서를 제법 했다. 그러나 어른의 저술에 함부로 손댄 것이 아닌가 조심스러워 정작 갖다 드리지는 못하고 한동안을 망설였다. 그러다가 세월이 흘렀고, 뒤늦게 갖다 드리려니 새삼스러운 짓을 하는 것 같아서 끝내 못 드리고 말았다. 아쉽다.

나는 경산 님을 생각하면 '학승學僧'이란 말이 생각난다. 불립문자를 내세우며 화두만 잡고 참선이나 하는 선승이 아니라 경·율·논 삼장에 달통한 고급 승려 말이다. 중국에 구마라습이나 현장이 있다면, 한국에는 신라의 원효와 의상부터 시작하여 균여, 의천, 지눌, 일연, 휴정은 물론 현대의 탄허, 지관까지 쟁쟁한 인맥이 그것이다. 서양에도 중세 이래 인문학의 대가 태반이 성직자였고, 심지어 자연과학자, 예컨대 지동설의 코페르니쿠스나 유전법칙의 멘델 등도 신부였다. 도올 김용옥이 여러 번 주장했지만, 신종교인 원불교가 기반을 튼튼히 쌓기 위해서는 학자의 역할이 중요하다. 나는, 기왕이면 출가 가운데서 석학碩學 교무가 많이 나왔으면 금상첨화이겠다고 생각한다. 예로부터 학승은 기본적으로 유·불·도에 통달하고 문·사·철을 통섭했다. 예비교무

교육도, 교학만 숙련하면 그만이라고 생각한다면 그건 인재를 키우는 길이 아니다.

다행히도 대종사 이래 역대 종법사님들은 인문학적 소양이 풍부한 분들이었다. 그렇긴 해도 학승 스타일은 아니었다. 모든 교무가 학자교무일 수도 없고 또 그럴 필요도 없듯이 종법사가 학자일 것까지는 없다. 그러나 학문적 지성과 역량을 갖춘 종법사나 교무들이 배출된다면 원불교의 정체성 확립이나 교세 발전에 큰 보탬이 될 줄 안다. 경산 님은 비록 석박사 과정을 체계적으로 밟으며 제도권의 학문을 전공한 적은 없으시나 홀로 사색하고 독서하며 학문의 구경을 맛보신 분이다. 서울교구장으로 계신 동안에도 몸소 화요공부방을 개설하여 목우십도송의 연속강의를 하신 적이 있고, 저술 작업에도 지속적으로 매진하셨다. 그 결실로 얻은 《생활 속의 금강경》《자유의 언덕》《마음소 길들이기》 등은 불경(금강경, 반야심경, 목우십도송)의 연구해설이요, 《중도의 길 성인의 길》은 유경(중용)의 연구해설이요, 《노자의 세계》는 도경(도덕경)의 연구해설이니 유・불・도를 두루 꿰셨다. 오히려 《마음달 허공에 뜨다》 등 정통 원불교 교리해설을 압도할 정도다.

그런데 내가 경산 님에게 한층 매력을 느끼는 바는 난삽한 경서 번역과 해설에나 매달리는 무미건조한 지성인에 머무르시지 않는다는 점이다. 외람되이 내가 논할 처지는 아니나, 경산 님에겐 차가운 지성뿐 아니라 따스한 감성이 겸비하여 원만한 인품을 이루신 듯하다. 원기98년도 신년법문에 표어로 쓰인 "덕성을 기르고, 인정을 넓히며, 서로 합력하자"를 보며 나름으로 평가한 대목은 '인정을 넓히며'다. 이것은 기본적으로 감수성의 문제요, '측은지심'의 발동이다. 산문집 《작은 창에 달빛 가득하니》(2012)를 보면 바로 그 감수성이 빛을 발한다. 아내 정타원은 이 책을 읽으며 종법사님도 우리와 똑같이 아픔과 그리움과 슬픔을 간직하고 사는 분이라는 것에 감동했다고 한다. 창경궁에 구경 한 번 데려가 달라 부탁하시는 어머니의 소망을 끝내 못 들어드린 회한을 적은 〈어머니의 유훈〉이 너무나 가슴에 짠하다고 몇 번이나 말한다.

원불교 문인들과 더불어 두 차례 종법사를 배알할 기회가 있었는데 나는 그때 법설을 받들면서 적이 놀랐었다. 전공한 내가 보더라도 문학에 대한 이해가 꽤나 정확하시고, 원불교문학이 나아갈 방향 제시에도 전문가다운 안목을 보이셨다. 한때 문학가의 꿈을 가졌었노란 고백도 하셨다. 경산 님에게선 인문학적 지성과 더불어 예술적 감수성이 풍긴다. 좌뇌와 우뇌의 이상적 결합, 로고스와 파토스의 맞춤한 조화, 그런 의미에서 인간적 매력이 풍부한 분이다.

2013년 8월, 나는 서울원음합창단 간부들과 함께 대산종사탄백 기념 칸타타 공연을 준비하기 위하여 성지순례를 하는 중에 경산 종법사를 뵈러 갔다. 그 자리서 나는 "종법사님이 전에 주신 달마도를 거실에 걸어두고 늘 보는 중입니다" 하고 인사했다. 그러자 경산 님은 정색을 하고 응답하셨다. "아, 그거! 내가 새로 그린 것

하고 바꿉시다. 그건 옛날에 그린 것이라 부족하고 요즘에 그린 것이 조금 나아요." 순간, 나는 켕기는 데가 있었다. 예의 수필에서, 고산 종사님의 달마도와 경산 님의 달마도를 비교하면서, 경산 님의 달마도가 고산 님의 달마도만 못하다고 평가한 대목이 생각난 때문이다. 어쩜 경산 님도 그 일을 기억해 두고, 마음에 걸렸기 때문에 새것으로 바꿔 가라고 하신 것이 아닐까 싶었다.

그 대목은 이렇다.

경산 님의 것이 머리끝에서 발끝까지 나온, 서 있는 전신상임에 반하여 고산 님의 달마상은 가슴까지만 그린 반신상이다. 기본 형태는 큰 차이가 없지만, 이 달마는 훨씬 야성이 돋보인다 할 만하다. 가슴에까지 숭숭 난 털이며 옆으로 째려보는 눈매며, 아무래도 그 앞에선 어떤 거짓도 무슨 사심도 감히 발붙일 수 없는 위엄이 섬광처럼 번쩍이고 있다. 이 작품을 대하다 보면 경산의 그림은, 부엉이의 것처럼 똥그란 눈이며 합죽하게 다문 입이며 앞으로 곧장 뻗친 듯한 눈썹이며 모두가 안간힘을 쓰고 있으나 위엄은 아무래도 고산 달마에 미치지 못함을 부인할 수 없다. (2남 2녀, p.198)

나는, 경산의 달마상과 고산의 달마상이 보이는 차이가 아무래도 50대 경산과 70대 고산의 경력 차이와 유관하리라고 유추하였지만, '남에게 지기 싫어하는 성격'이라고 당신 성격을 고발(?)하신 바 있는 경산 님으로선 혹 심기가 불편하시지나 않았을까, 하는 것이 소심한 내 우려다. 지금도 한결같은 생각인즉, 경산의 달마상은 경산 자신을, 고산의 달마상은 고산 자신을 그려 보인 것이라 함이다. '요즘에 그린 것은 조금 낫다'고 하셨지만, 20여 년이나 더 연마하셨거니 경산 님의 요즘 달마는 보지 않아도 스승 고산을 이미 따라잡지 않았을까 짐작된다.

그날 경산 님은 참석자들에게 당신이 손수 그리고 쓴 작품으로 제작한 부채를 하나씩 나누어 주셨다. 나는 문득 경산 님이 달마보단 포대의 이미지에 좀 더 가깝다고 느꼈다. 이건 딴 얘기겠지만, 경산 님이 달마상은 그쯤 해 두시고, 이제 포대화상을 그리시는 것은 어떨까 생각해 보았다. 그러니까 선기禪機 번득이는 지혜의 달마상은 이미 마루가 보이거니, 이번엔 복덕성이 만발하는 자비의 포대상을 그려보심이 어떨지? 그 후 알았지만 이미 포대화상도를 그리고 계시다 한다. 내 생각이 객쩍은 생각만은 아니었나 보다.

達磨大師智慧勝(달마대사지혜승)
달마대사는 지혜가 뛰어나고
布袋和尙慈悲勝(포대화상자비승)
포대화상은 자비가 뛰어나다네
左達磨與右布袋(좌달마여우포대)
왼쪽엔 달마요 오른쪽엔 포대이니
智慧慈悲兩具足(지혜자비양구족)
지혜와 자비 둘 다 넉넉히 갖추소서

경산 장응철

경산 님은 1940년 전남 신안군 장산도에서 장상봉 님과 김출진옥 님의 2남 1녀 중 장남으로 태어났다. 7세 때에 부친의 열반으로 홀어머니를 받들면서 소년시절을 보냈다. 원기45년(1960) 21세 되던 해, 이종형 최덕근의 요청으로 정산종사를 뵙게 되면서 원불교에 입문함과 동시에 전무출신을 서원했다. 원광대 원불교학과를 졸업하고 영산선원, 교정원 총무과장 등을 지내며 신앙과 수행에 남다른 적공을 쌓았다. 1975년 정남 서원을 했다. 1977년부터 5년간 서울사무소 사무장으로 근무하면서 견문을 넓히고 대인관계를 넓혀 교단 발전에 기여할 수 있는 안목을 키울 수 있는 계기가 되었다. 이후 교정원 총무부장, 청주교구장을 거쳐 영산대학 학장 겸 영산사무소장에 취임했다. 1994년 정수위단원에 피선되었고, 서울교구장으로 부임하여 서울교화 발전에 성심을 다하였다. 교정원장, 중앙중도훈련원장을 거쳐 2006년 종법사에 피선되었고, 2012년 재추대되었다. 교법에 바탕한 고경 해석에 탁월하여 여러 권의 저서를 냈다.

24-〈응타원 이창원〉 편

드러내지 않는 실천으로
무욕의 자비행

　내가 응타원應陀圓 이창원李昶圓 교무님을 만나기는 서울 도봉교당에서부터였다. 창립 3년 미만인 도봉교당에 2대교무로 부임하신 게 원기65년(1980) 4월이었고, 나도 직장이동으로 평택에서 서울로 이사하여 겨우 도봉교당에 자리를 잡던 처지였다. 교무님은 아직 30대였음에도 연세보다 늙어보였다. 누구의 눈엔 '흰 저고리 검은 치마'(縞衣玄裳)가 두루미(鶴)의 은유로 선녀를 연상시킨다지만 세인의 눈엔 구식 할머니로 보이기도 할만하다. 언젠가는 시내버스 기사가 "할머니, 거기 있지 말고 안쪽으로 들어서세요"라고 했다나 어쨌다나, 그런 일화도 있긴 하다. 아무튼 그 무렵 응타원 님은 어느 구석도 야무지거나 세련된 데가 없고 그렇다고 투박스럽거나 무뚝뚝한 것도 아니고, 다만 촌스럽고 마냥 착하게만 보였다. 말씀조차 항상 겁먹은 소녀처럼 조심스럽고 나지막했다.

교당에 사정이 있어서 중간에 교무 교체를 한 처지라 응타원 님은 우울한 출발을 하셨다. 교도들도 몇 되지 않는 데다 전세로 얻은 교당 집은 수유시장 상가 2층이었다. 예회 시간에도 가지가지 음식 냄새가 나고 상인들 떠드는 소리가 시끄러워 창문도 못 열고 법회를 보았다. 그나마 다섯 달 만에 이사를 가야했다. 적은 돈으로 찾다 찾다 겨우 얻은 곳이 연립주택이었는데, 이거야말로 악수 중의 악수였다. 경종소리 내며 재를 한 번 모셨더니, 웬걸! 주민들이 똘똘 뭉쳐 '원불교는 나가라!' 하고 데모를 했다. 파출소에 불려갔다 오신 교무님은 밤새도록 법신불 전에서 울었다고 한다. 교도들의 출입조차 막는 바람에 결국 법회 한 번을 못 보고 18일 만에 쫓겨났다.

자리를 옮겨 이번엔 중국음식집 2층으로 이사를 했다. 집주인이 직영하는 음식점이었다. 법회 때마다 아래에서 짜장 냄새가 올라와 진동하지만 참고 버텼다. 조금 있자니 음식점 장사가 잘 안 된다며, 그 원인이 위층에 있는 원불교에서 날마다 목탁을 두들겨 대서 그런 거라며 나가주었으면 했다. 그래도 울며 기도하고 1년을 버텼다. 이를 악물고 빚을 얻어 내 집을 마련한 것은 오신 지 1년 반이 채 안 된 시점이었다. 다시 교무님의 묵묵한 인도 아래 교도들이 뭉치고 법동지들의 도움을 받아 경매로 나온 땅을 사고 집을 지었다. 우여곡절 끝에 지하1층 지상 2층의 96평 번듯

한 교당을 신축하고, 1986년 6월에 눈물겨운 봉불식을 하니 실로 기적의 연출이었다. 전임자가 물려주신 600만원을 종자돈 삼아 6년 만에 20배로 늘려 이룩한 불사이니, 땅값 9200만원 외에 공사비 5600만원을 들였던 것이다.

교무님은 내색을 전혀 안 하시지만, 아내가 몇 번을 보아도 교무님이 무엇을 잡숫고나 사시는지 굶고 사시는지 알 수가 없다고 했다. 그 절약절식은 대종사님이 연화봉 수양하실 때 석 달 동안 을 간장 한 병과 쌀 여덟 되로 버티셨다는 일화를 연상시켰다.

그 와중에도 교무님은 교도들의 신앙과 공부를 꾸준히 챙기셨다. 성지순례, 교리강습, 신입교도훈련, 노년기훈련 등을 지속적으로 실시했고 특히 강연훈련을 강화했다. 처음엔 몇 사람의 감상담으로 시작하여 나중엔 누구나 강연에 나서도록 집요하게 채근하셨다. 나 같은 경우는 강연 외에 경강까지 맡기시면서 호되게 훈련을 시키셨다. 감히 반야심경, 수심결 등 경강을 장기간 진행했으니, '가르치고 배우면서 서로 큰다'(敎學相長)는 말이 있듯이, 그것은 교무님이 나를 선택해 각별히 단련하시려는 속뜻 때문임을 안다. 그때 공부가 참 많이 되었고 내가 많이 컸다. 당신은 그다지 법설에 능치 못하시다. 우선 너무 짧아 법회시간을 짜임새 있게 운용할 여지가 별로 없다. 그 대신 말없이 알차게 교도를 훈련하셨다. 어른은 물론 초창부터 어린이회, 학생회를 창립하여 신심을 넣어주고 교리훈련도 시키셨는데, 그 중에서 훗날 전무출신이 6명이나 나왔음은 그 공덕이 얼마나 컸나를 증명한다.

교무님은 교도들의 사생활을 챙기기로도 탁월하시다. 무슨 재주가 있으신 게 아니라 진실하고 정성스럽게 챙기신다. 아픈 사람은 대학병원에 손수 예약을 해 주시면서까지 치료시기를 놓치지 않게 하시고, 학업을 포기한 불우한 청소년은 야간학교라도 보내주시고, 절망에 빠진 이들에게 위로와 희망을 주시고, 교도 가정사의 아픔까지 일일이 챙기셨다. 나만 해도 그렇다. 만학으로 대학원 등록금 마감일에 쫓길 때면 어디서 구하시든 돈을 구해다 주시면서 등록마감을 넘기지 않게 하시었고, 아내가 피아노 교습을 하며 돈이 없어 좋은 교습소 자리를 놓치게 생겼을 땐 또 어디서 돈을 변통해 주시며 나중에 갚으라 하셨다.

교무님은 종법사 법문집 시리즈와《삽삼조사게송과 종법사님 부연법문》을 비롯하여 당시로선 재가가 쉽게 구하기 어려운 공부자료를 애써 구해다 주셨다. 그 중에도《새회상 시가모음》《대종사 가사집》혹은 김소희 명창이 부른 대종사가사 녹음테이프 같은 것은 나로 하여금 훗날 소태산문학 내지 원불교문학에 관한 일련의 저작을 가능케 하는 단초가 되었다. 뿐만 아니라 교무님은 나의 건강이 부실한 것을 염려하시어 요가선 하는 법을 기록한 책자와 음성 테이프, 발바닥 자극하는 목봉(법륜대), 오단호흡법 도해 등을 기회 닿는 대로 구해다 주셨다.

교무님은 우리 내외하고 연령차가 적어서인지 굳이 출재가 간격이 없이 대화 상대로 여기셨다. 인사 문제를 놓고 당신이 후배 교무에게 시기심을 냈다며 고해성사처럼 수줍은 참회를 하셨고,

특별히 가혹했던 가족사적 아픔도 스스럼없이 털어놓으셨다. 축복받지 못하는 출생으로 인한 후유증으로 건강을 상하게 된 일이며, 비명에 가신 아버지의 죽음으로 인하여 응어리진 상처며, 염세적 인생관으로 인한 삭발 입산의 전력이며, 등등 담담하게 말씀하셨다.

교당 터를 겨우 확보한 뒤, 무리를 해서라도 신축을 추진하느냐 훗날을 기약하고 전세로 홀을 얻어 나가느냐 갈림길에서 예고 없이 우리 집을 찾아와서 내 의견을 물으셨다. 전문지식도 경험도 없던 주제에 나는 지시라도 내리듯 '신축으로 갑시다' 했다. 교무님은 그 길로 돌아가 신축 결단을 내리시고 성공적인 건축을 이루어내셨다. 한번은 교당 신축과 교화에 무리를 하신 끝에 탈진하여 입원하셨다. 문병 간 나에게, 익산 총부에서 러브콜이 왔는데 어떻게 해야 할지 고민이다 하셨다. 당신 건강에도 이미 적신호가 켜진지라, 일선 교화에서 물러나 인맥이 있는 감찰원으로 오라는 부름에 귀가 솔깃하신 듯했다. 사정도 모르는 나는, 교무라면 죽으나 사나 교화 현장에서 승부를 보아야지 총부 책상머리에서 펜대 놀리는 재미에 유혹을 느끼면 되겠느냐고 입바른 소리를 했다. 교무님은 곧장 총부 러브콜을 사양하셨다.

전남 동순천교당, 부산 남부민교당, 경기 안산교당 등 가시는 곳마다 집사람과 함께 종종 따라 다녔다. 이제는 퇴직을 하셔서 수도원에 계시지만 총부 가면 빠짐없이 찾아뵙는 처지다. 언제 뵈어도 말씀이나 태도가 좀 모자란 사람처럼 하심下心하시고 겸손하시다. 아무 거라도 더 챙겨주지 못해서 안달이시다. 반면에 나는 만만한 누이를 대하듯이 늘 오만하다. 칭찬을 해주시면 더 우쭐해서 젠체한다. 그럴 때마다 교무님은 그저 대견한 듯이 웃으신다.

출가 교무입네 하여 무슨 대단한 선지식이라도 되는 양, 법랍도 연령도 무시하고 모든 재가교도를 제자 대하듯 하며 憍를 부리는 교무들이 더러 있다. 참 난감하다. 교도들은 다 안다. 바보처럼 헌신하고 봉사할 뿐 젠체하지 않는 교무가 진정 사랑받고 존경받을 자격이 있는 출가임을. 대종사님의 〈천하농판〉이 일제시대에만 유효한 건 아니다.

不知無智眞無智(부지무지진무지)
지혜 없음을 알지 못하면 지혜가 진짜 없는 것
自知無智實有智(자지무지실유지)
지혜 없음을 스스로 안다면 실은 지혜 있는 것
大智大慧若大愚(대지대혜약대우)
큰 지혜를 가진 사람은 아주 바보처럼 보이나니
眞光不輝何不知(진광불휘하부지)
참빛은 번쩍거리지 않는다는 말 어찌 모르시는가
※眞光不輝: 중국 선어록인 종용록(從容錄)에 나오는 구절임.

응타원 이창원

응타원 님은 1941년에 영광군 법성면에서 이희복 님과 이춘자 님을 부모로 하여 태어났다. 1965년 7월에 총부에서 범타원 김지현 종사를 연원으로 하여 입교하고, 그로부터 두 달 후 육타원 이동진화 종사를 연원으로 출가하여 총부에서 간사생활을 시작하였다. 26세 늦깎이로 원광대 원불교학과에 입학하여 수학 후 1971년부터 감찰원 사무처에서 5년간 봉직하고 1976년 목포교당에 부교무로 1년 근무 후 임피교당에 교무로 나가 3년을 살았다. 이후 1980년 서울 도봉교당에서 7년, 전남 동순천교당에서 5년, 부산 남부민교당에서 7년, 그리고 동군산(경암)교당에서 1년을 지낸 뒤 건강이 악화하여 3년간 휴무와 휴양 등으로 쉬었다. 2003년 이후 7년 간 안산교당 교감교무와 경인교구 수원지구장으로 지내다가 2010년 퇴임하였다. 교도들은 물론 그 동안 거느린 부교무들에게도 한결같이 존경을 받고, 한 생을 오롯이 교단에 바친 헌신적 교무로 기억되고 있다.

25-〈헌산 길광호〉편

아픈 영혼들 위해 제물이 된
헌신의 표상

　내가 헌산獻山 길광호吉光昊 교무를 처음 본 것은 그가 학생 때였다. 1987년 봄쯤, 그러니까 원광대 교학과 3학년 무렵이 아니었을까 싶다. 총부 방문 중에 영모원 광장 옆길을 걷던 중, 내게 가벼운 합장 인사를 하고 스쳐지나가는 그의 모습을 처음 보았는데 매우 강한 인상을 받았다. 깡마른 몸에 큰 키 때문도 아니요, 유난히 가늘고 긴 목 때문도 아니요, 당시로선 드물게 삭발을 한 두상 때문도 아니었다. 큰 키에 비해 작은 얼굴에 섬세한 이목구비, 그는 동그란 안경을 쓴 얼굴을 꼿꼿이 들고 씩씩하게 걸어서 학림사(기숙사) 쪽으로 사라졌다. 어, 교학과에 희한한 친구 하나 있네! 그의 뒷모습을 멍하니 바라보다가 비로소 눈길을 거둔 나는 엉뚱하게도 그를 오래 전에 어디선가 본 적이 있다는 기시감旣視感에

사로잡혔다.

그해 여름(1987.7) 신문에서 그 희한한 친구의 사진을 보았다. 선천성심장병어린이 수술비 마련을 위한 모금행사의 주인공으로 헬멧을 쓴 채 자전거 옆에 선 4인조 얼굴들 가운데 바로 길광호가 있었다. 여름방학을 이용하여 원광대 교학과 예비교역자(3학년생) 넷이 총연장 2,380킬로를 30일간 달리면서 모금을 한다는 것이니 일컬어 '새생명국토순례대행진'이라 했다. 그때만 해도 나는, 젊은 혈기에 기특한 생각을 했네, 하면서도 '길광호, 역시 별난 친구네!' 정도로 흘려버렸다.

그 후 거의 10년이 지난 1996년 7월, 나는 길 교무를 재회하게 된다. 영산원불교대학(현 영산선학대)에서 소태산사상연구원 주최로 1주일간 제1회 청소년지도자교육이 있었는데, 나는 신설 고등학교 교감으로 학생지도에 고충이 많던 차에 이 교육에 참가하게 되었다. 길 교무는 교정교화(소년원) 관련 사례발표자로 나왔다. 요지는 이랬다.

1990년, 이제 교무가 된 그는 새생명국토대행진 동료였던 강해윤 교무와 함께 당시 서울의 대표적 빈민지역이었던 신림동 철거민촌에 〈은혜의 집〉을 열고 빈민교화를 시작했다. 빈민교화 중에서도 그가 주목한 것은 비행청소년 교화였다. 서울소년원(현 고봉정보중고)에 원불교반을 만들고 매주 법회를 보면서 그들을 교화했다. 그런데 형기를 마치고 퇴원하는 청소년 중 상당수는 마땅히 돌아갈 가정도 없이 재범의 유혹에 노출된다는 것을 알았다. 그는 그들의 사회적응을 돕기 위한 방편으로 그들과 함께 먹고 자면서 마음의 안정과 더불어 생활의 자력을 키우는 일을 모색했다. 그 결과 판잣집 한 동을 얻어 '함께 사는 집'(둥우리)을 개소하였던 것이다. 길 교무 등은 오갈 데 없는 퇴원자들을 짧게는 두 달, 길게는 2,3년 데리고 살며 교화하고 자립력을 키워준 후 취업까지 알선해서 사회에 복귀시켰다.

원불교신문의 묵은 기사(1995.4.7)를 보다보면 다음과 같은 대목이 나온다. 「옷도 사주고 함께 먹고 자면서 최고로 편안하게 대했다. 길 교무는 어머니같이 따스하게, 강 교무는 아버지처럼 엄격하게 역할을 분담했다. 강 교무는 이런 길 교무를 두고 말했다. "어머니, 형, 누나 노릇을 다 했어요. 빨래도 해주고 밥도 해주고 상담도 하고…옆에서 보면 정말 헌신적이어요. 어머니라도 그렇게 잘하지는 못할 겁니다."」

길 교무는 교단사에 선례가 없는 교정교화를 개척하느라 그 동안 시행착오를 겪으며 꾸려온 과정과 현황을 보고하고 미래 비전을 이야기했다. 사형수의 80%가 소년원 전과를 가진 사람이라는 통계를 보더라도 소년원 퇴원자의 교화가 얼마나 필요한 일인지는 두 말 할 필요가 없다. 그런데 7년간 해오며 자리 잡은 이 일을 접어야 할 위기가 닥쳤다. 재개발 공사로 인해 이듬해엔 보금자리를 잃게 되었다는 것이다.

나는 얼마 전까지 교원연수원에 근무를 하면서 종종 현직교사들을 인솔하여 소년원이랑 소년감별소(현 소년분류심사원) 등에

견학을 간 적이 있어서 사례발표를 관심 있게 들었다. 발표가 끝나고 나서 나는 길 교무를 찾아갔다.

"교무님, 대단하십니다. 애로가 크겠네요."

"애로가 커야 보람도 크지 않겠어요?"

그는 활짝 웃었다. 몇 가지 문답을 하고 나서 나는, 길 교무가 무모하리만큼 소신과 의식이 강렬한 사람이란 느낌을 가졌다. 또 한편으로 보면 삼십대 중반의 나이에도 불구하고 의외로 나이브했다. 나이 든 나를 상대하느라 그런지 모르나 겸손하다 못해 수줍음을 타는 시골소년처럼 느껴졌다. 난폭하고 교활한 소년원생이 적지 않을 텐데 그들을 다스리려면 주먹도 있고 억척스러워야지 저렇게 어수룩해 보이는 사람이 어떻게 감당할까 싶어 걱정스러웠다.

"재개발로 쫓겨나면 당장 갈 데가 없어서 어떡하죠?"

"기도하고 있으니까 잘 되겠죠. 시설도 급하지만, 요즘은 원불교적 재활프로그램을 개발하는 데 몰두하고 있습니다."

짧은 만남은 그렇게 끝났다. 그로부터 3년 후, 그는 30대의 나이로 요절했다. 폐암이라고 했다. 그 소식을 듣고 나는 대뜸 예의 기시감을 다시 떠올렸다. 언제지? 어디서지? 끙끙거리다가 맞아! 하고 무릎을 쳤다.

한국전쟁, 1.4후퇴 그 겨울, 미군이 우리 초등학교에 주둔하고 있을 무렵, 북위 37도선에 있던 경기도 안성의 고향 동네에서 보았다. 그런데 1951년, 그 때라면 헌산이 태어나기도 훨씬 전인데 기시감의 정체가 어이없다. 나는 그를 당시 고향마을로 데려가 어떤 젊은이와 포개놓고 있었던 것이다.

진한 카키색 외투를 입은 특이한 차림의 그는, 어린 나에게 기묘한 모습으로 비쳤었다. 군복 같기는 하나 계급장이나 견장 같은 장식이 없는 것을 보아 군인인지 민간인인지도 불분명했고, 모자를 쓰지 않은 머리엔 흰 붕대를 잔뜩 감고 다녔다. 피가 배나온 것인지 머큐로크롬 같은 약물이 묻은 건지 모르나 붕대엔 붉은 얼룩이 선명했다. 그는 겨울날 아침에 서리 깔린 고샅길을 씩씩하게 걸어갔다. 두어 차례 만났지만 그는 한 번도 주변에 눈길을 주지 않고 행진하는 군인처럼 고개를 꼿꼿이 들고 뚜벅뚜벅 걸어서 사라지곤 했다. 그의 모습은 어린 나에게 '불굴의 정신+치명적 육신' 이라는 불기사의한 인상으로 흔적을 남겼다. 혹한 속에서 꼿꼿이 앞만 보고 걷던 그 사람, 핏빛 얼룩이 있는 붕대로 머리를 온통 감은 채 치명적일지도 모를 부상을 짐짓 무시하고 씩씩하게 걷던 그 사나이!

아, 내 직관이 읽은 대로 길광호 교무는 폐암이란 치명적 아픔을 감추고 지극한 공심으로 씩씩하게 살다가 그 아까운 나이를 헌신짝처럼 던졌던가. 사심 없는 그의 기도가 통했던지 박청수 교무님을 비롯하여 개인, 기관 구별 없는 후원금이 답지하여 용인에 부지 1,200평과 가옥 두 채를 확보하고 신바람이 난다는 소식이더니 운명은 참 야속하다 싶다. 그렇지만 길광호 교무는 갔을망정 그의 유지는 결코 버림받지 않았다. 심장병 어린이 수술비를 마련하기 위한 그 사업도 이미 350여명에게 새 생명을 주면서 계속되고 있다지만, 마지막 목숨을 건 교정교화 사업이야말로 본격적으로 빛을 발하고 있다.

2003년에 '은혜의 집' 부지에 수도권 최초의 대안중학교가 세워지고, 길광호 교무를 기리기 위해 그의 법호를 따서 헌산중학교로 명명하였다. 비행청소년이나 부적응학생들의 튼튼한 둥지가 마련된 것이다. 한편 '은혜의집'은, 미국교화에 나섰다가 길 교무의 유지를 받들고자 다시 돌아온 강해윤 교무가 새 부지에 새 시설을 마련함으로써 성인 수형자들과 소년원생을 위한 교정교화의 중심으로 거듭났다. 또한 각종학교로서 '새나래학교'가 설립되어 헌산중학교가 끌어안지 못하는 소년보호처분 6호(감호위탁) 해당자와 가출 청소년들을 교육하고 있단다. 길광호 정사는 생전에 품었던 꿈을 죽어서 이루었다.

獄內獄外無差別(옥내옥외무차별)
감옥 안이나 밖이나 다를 게 없듯
此岸彼岸亦不二(차안피안역불이)
이승이나 저승이나 둘이 아니니
恩惠生命吉光昊(은혜생명길광호)
은혜와 생명의 길광호 영가여
成佛濟衆誓願成(성불제중서원성)
성불이라 제중이라, 서원을 이루소서

헌산 **길광호**

헌산 님은 1961년 강원도 춘천에서 출생했다. 고1 때 춘천교당 학생회에서 입교하면서 출가의 꿈을 키웠다. 예비교역자시절, 선천성심장병어린이 돕기 새생명국토순례단 창립 멤버로 활동했던 그는, 졸업 후엔 도시빈민교화를 서원하고 1990년에 서울 관악구 신림동에서 개척교화를 시작했다. 1991년부터는 서울소년원 지도교무와 소년원 퇴원생들을 위한 〈둥우리〉를 운영하고, 지역주민을 위한 봉사활동을 해오다가 원기 1997년 용인시로 〈은혜의 집〉을 이전하여 비행청소년들의 자활을 돕고 살았다. 1998년, 한생을 남김없이 이 회상에 바치기로 하고 정남을 선서했다. 자신의 몸을 돌보지 않는 희생봉사 끝에 헌산에겐 1999년 폐암이 발병했고, 치료에 정성을 다했으나 차도를 보지 못하고 39세의 나이로 열반했다. 한편 헌산 님은 부모로부터 받은 유산 1억원을 강원교구 전무출신 지원자 장학금과 대안학교 등 교단의 각종 사업에 희사하여, 생의 마지막까지 봉공의 정신을 보여줌으로써 전무출신의 귀감이 되었다. 법랍 15년, 법위는 법강항마위다. 열반 후 문집《아름다운 성자》가 나왔다.

부 록

- 육산 박동국 편
- 팔타원 황정신행 편

1-〈육산 박동국〉 편

창건사에서
악역을 담당한 항문보살

 육산六山 박동국朴東局(본명 한석) 대호법은 내가 원불교를 알기 훨씬 전인 1950년에 열반했으니 생전의 모습을 뵐 수는 없었다. 그러나 사람을 만난다는 것이 꼭 생전에 육신으로만 접촉해야 하는 것은 아닐 듯하다. 아파트 승강기에서 늘 만나는 이웃처럼 이름도 모르고 나이도 모르면서 목례나 하고 지내는 사람보다는 이미 죽은 지 수천 년이 되었음에도 그의 생애와 사상에 대해 익숙하여 이름만 들어도 혹은 초상만 보아도 낯선 사람으로 생각되지 않는 경우도 있게 마련이다. 내게 육산도 그런 경우다.
 입교 후 9인 선진을 사진으로 처음 만날 때 육산 박동국을 보다가 나는 왠지 순간적으로 오싹한 느낌을 받았다. 일산이나 삼산처럼 세련돼 보이지도 않고, 사산이나 팔산처럼 다부져 보이지도 않고, 이산이나 오산처럼 수더분하게 착해보이지도 않고…뭐랄까 굳이 견준다면 그의 인상은 마냥 화평해 보이는 정산의 대척점에 서 있는 모습이 아니었던가 싶다. 이런 분이 원만구족한 부처님 상호를 갖춘 소태산대종사의 친아우라고 보기에는 너무 거리가 멀지 않은가. 퉁명스럽고 강퍅하고 전투적이기까지 한 골상과 표정이 예의 '오싹함'의 근거일까?

그런데 웬일인지 나는 그에게 끌리고 있었다. 허세의 오만이나 타협의 비굴이 보이지 않는 당당함, 그에겐 섬뜩한 당당함이 있었다. 나는 그의 생애를 알아보려고 마음먹었다. 그러나 교서를 통해서나 구전을 통해서나 이렇다 할 정보를 접하기가 어려웠다. 방언공사와 혈인기도까지가 고작이고, 나머지는 형을 대신하여 가사 돌보고 모친 모신 이야기가 전부다. 무언가 숨겨진 부분이 있음직하여 수소문했지만 누구도 시원하게 설명해 주지 않는다.

그러던 차 1996년 8월, 그 찌는 듯한 날에, 원광사 남산 박정기 사장님의 기획으로 박용덕 교무의 안내를 받으며 본격적인 성지순례에 나섰다. 요컨대 성지 소개 겸 대종사 일대기를 정리하여 비디오 작품을 만들자는 것인데 내게 그 대본을 써달라는 부탁이었다. 나는 약속대로 촬영 대본을 써드렸지만 끝내 작품으로 성사되지는 못했다. 아쉽다. 그래도 훗날 내가 대종사 전기를 다룬 장편소설 《소태산 박중빈》(동아시아)을 집필하는 데는 큰 도움이 되었다.

그런데 이때에, 교사에 정통한 주산 박용덕 교무는 잘 알려지지 않은 여러 장소를 안내하였고, 그 특이한 영남 사투리로 숨겨진 역사와 일화들을 들려주었다. 나는 옳거니 하고, 육산의 숨겨진 사연을 캐물었다. 깊이 알면 내가 다칠까봐 그러는지, 박 교무는 망설이고 회피하였지만 나도 집요했다. 박 교무가 훗날 역저《원불교초기교단사》시리즈에서 상당 부분 밝힌 바 있지만, 차마 밝히지 못한 부분도 없지 않은 줄 안다.

픽션과 팩트가 충돌하면 픽션이 판판이 깨질 것 같지만 꼭 그렇지는 않다. 특히 종교적 판타지는 때로 역사적 팩트를 이기는 수가 많다. 조수 드나드는 갯벌을 막아 수만 평 농지를 조성한 방언공사와, 혈인기도로 법계의 인증을 얻은 법인성사는 원불교 회상의 존재 기반이다. 이 두 성업에 9분의 1이란 지분으로 참여하여 성공시킨 육산 박동국의 공로는 누구도 부정할 수 없다. 그러나 그가 스승이자 친형인 대종사의 생명에 위해를 겁박했다거나, 교법의 금계들을 속속들이 유린했다는 것도 부정할 수 없는 사실로 보인다. 공로에는 얼마만큼 종교적 판타지가 덧칠돼 있고 범죄에는 얼마만큼 역사적 팩트가 은폐되어 있다. 이 둘을 화해시킬 방법은 없는가, 여기에 교단적 고민이 있다.

육산은 요식업 운영에 능력을 보였다. 군도리에 주막을 열었다가 몇 년 뒤 길룡리로 돌아와 형이 출정 오도한 노루목에서 주막을 열었다. 장사는 흥청거려 돼지 잡노라 먹따는 소리, 술 마시고 취한 육자배기 가락, 시끌짝하게 다투는 소리로 노루목이 한창 번성하여 '작은 서울'이란 소리를 들을 정도였다. 비위가 틀리면 다짜고짜 받아버리는 육산의 서슬에 근동의 누구 하나 대거리하고 나서는 자가 없었다. (박용덕, 원불교선진열전2, p.208)

팔산이나 삼산 혹은 사산처럼 전무출신으로 헌신을 못한다면 칠산처럼 염소나 키우고 여생을 국으로 살았더라면 덩달아 존경 받고 명예를 지키었으련만, 꼭 이렇게까지 했어야만 했나. 그것도 성소聖所 중의 성소인 대각터에서 살생·음주·쟁투 등 보통급 계문 태반을 범하고, 거기다 두 아내(兩妻) 금계까지 범하고 있었으니!

그러나 나는 육산을 고발하는 대신 이렇게 변명하고자 한다. 그는 범부의 온갖 욕망과 삼독심의 표상이다. 설령 사랑이라 할지라도 인류애·동포애 같은 이타적 사랑이 아니라 겨우 자기애·가족애 같은 이기적 사랑이다. 그는 나머지 8인 제자들의 욕망과 이기심이란 치명적 유혹을 몽땅 그 한 몸으로 대신했다. 8인 제자들은 육산을 반면교사로 하여 각자의 욕망을 다스리고 각자의 이기심을 포기했다. 어찌 8인 뿐이랴. 육산은 마치 걸레가 더러운 것을 씻으며 자신은 더러움을 안고 가듯이, 존경과 영광 대신 멸시와 굴욕을 감수하며 무량한 후진들의 영원한 거울이 되기로 작정하였다. 악한 사람은 악으로 세상을 깨우치고 가르치느니라.(요훈품34) 이 장면에서 문득 생각나는 것은 저 유명한 《지킬 박사와 하이드 씨》(로버트 스티븐슨)다. 지킬 같은 얼굴을 하고 있는 수도인들의 숨겨진 가슴에서는 항상 하이드 같은 배은의 유혹과 욕망이 마그마magma처럼 꿈틀거린다. 대역代役 육산을 통하여 그 욕망을 대리 충족하고 대리 분출함으로써 가까스로 추스르며 다스린다. 그마저 없다면 《파우스트》(괴테)에서 파우스트 박사가 악마 메피스토펠레스에게 당했듯이 영혼마저 팔아버리며 파멸할지도 모른다. 2004년 8월 〈원불교신문〉에 발표한 법인성사 테마의 단편소설 〈부싯돌 마왕〉에서 나는 아래와 같은 대목을 넣은 바 있다. 소태산과 마왕 파순과의 가상 대결이다.

아홉 제자들은 마지막으로 일심을 챙기기 위하여 입정에 들어갔다. 그 동안을 참지 못해 안달하던 파순이가 또 소태산을 찝쩍거린다.
"이봐, 아무래도 이건 내가 거저먹는 게임이야. 네 아우 박한석이를 보자구. 인정에 못 이겨 단원에 끼워준 것까지야 이해 못할 바 아니다만, 그건 너의 돌이킬 수 없는 실수야. 그 애는 네 편이 아니라 결국 내 편이 될 거라구. 끝내는 너를 배신하고 말 테니 두고 봐. 속으론 벌써부터 너의 이런 짓거리에 신물을 내고 있을 거야. 창생 구제는 그만두고 늬네 집 식구들이나 먹여 살리라고, 너를 윽박지르고 싶어할 걸."
"모르는 소리 마라. 언젠가 내가 말하길, '우리 단원 열 사람은 한 몸과 같다. 누구는 눈이 되고 누구는 입이 되고 또 누구는 팔다리가 되어 각기 몫은 달라도 한 몸이니라.' 그랬더니 아우가 뭐라고 한 줄 아느냐? '오메 성님, 그럴 것이면 지는 우리 단의 똥구멍이나 되지라. 사람이 살려면 똥구멍도 꼭 있어야 헐 기 아니겠소?' 말인즉 맞지 않느냐? 영산회상에는 조달이 있었고, 예수 제자 중에도 유다가 있었다. 알고 보면 그들이 다 제 자리서 제 몫을 한 것이 아

니겠느냐." 〈〈부싯돌마왕〉 중에서)

　내 말이 그 말이다. 영산회상에 악역 조달調達(Devadatta)이 있어서 불법의 위대성을 드러냈고, 예수의 열 두 사도 가운데 배반자 유다가 있어 예수의 신성을 보장했듯이, 일원회상에선 육산이란 방파제가 있어서 후래 도인들을 무분별한 오욕번뇌의 파도로부터 지켜줄 것이다. 하지만 초기 조단組團에서 단원의 단합을 보장하기 위해 배은자 오내진의 급사가 필요했듯이, 동지와 후진을 지키기 위해 육산의 배은에도 가혹한 응보는 필수적이다. 예수의 애제자 유다가 목매어 자살하고 석가의 사촌동생 조달이 무간지옥으로 갔듯이.

　1950년 한국전쟁 때, 육산은 노루목 주막에 숨겨두었던 장남 용진(경찰)을 공산당에 자수시키며 선처를 바랐으나 얼마 후 아들은 '온몸에 살 한 점 성한 데 없이 짓이겨' 살해됐다. 아들의 죽음이 절통하여 그들을 비난하며 울부짖자 이번엔 육산과 그의 본처 장씨와 3남 용주까지 3인을 묶어서 세워놓고 죽창으로 찔러 학살했다. 아궁이에 숨어 목숨을 건진 작은댁은 빨치산에 끌려가 대장 시중을 들다 죽었고, 육산의 큰 사위는 경찰에 협조하지 않았다 하여 이번엔 군경에게 학살당했다. 　　　　　　　　　　　　(선진열전2, pp.208-09)

　원불교교도 중 전쟁 희생자는 육산 가족을 제외하면 불과 6명이니 육산의 희생은 그 비중이 얼마나 큰가 알 만하다. 그는 항문

보살로서 그 역할을 다하고 그렇게 갔다. 대종사는 그 배역^{配役}을 차마 다른 제자에게 시킬 수 없어 일부러 친제^{親弟}에게 맡겼는지도 모른다.

  少太山如來如去(소태산여래여거)
  소태산은 진리에서 왔다가 진리로 돌아갔다
  六山亦如來如去(육산역여래여거)
  육산 또한 진리에서 왔다가 진리로 돌아갔다
  興味津津開闢場(흥미진진개벽장)
  후천 여는 마당놀이가 흥미진진하게 되려면
  善惡貴賤各有役(선악귀천각유역)
  선인과 악인, 귀인과 천인, 각각 제 역할이 있다네

육산 박동국

육산 님은 1897년 영광에서 박회경 대희사와 유정천 대희사의 4남2녀 중 막내아들로 태어나니 대종사의 친아우이기도 하다. 대종사 대각 후 제자가 되었고, 최초 9인 제자로 뽑히어 방언공사와 혈인기도를 수행하였다. 형인 대종사를 대신하여 가사를 돌보고 모친을 모시기도 했다. 대종경 인도품 49장의 기록처럼, 대종사 변산 은거시 모친 환후를 듣고 영산에 이르러 육산에게「너는 나를 대신하여 모친시탕을 정성껏 하라. 그러하면 나도 불효의 허물을 만일이라도 벗을 수 있을 것이요 너도 이 사업에 큰 창립주가 될 것이다」했듯이, 본교 창립기 대종사의 형제로서 사가 일을 도와 대종사가 창업에 전심토록 한 공로가 있다. 그 후 교단에서 일탈하여 지내다가 1950년 한국전쟁 와중에 영광에서 54세로 불행하게 명을 마쳤다. 1977년 수위단회에서 법위를 법강항마위로 추존하고 1985년에는 대호법의 법훈을 추서하였다.

2-〈팔타원 황정신행〉편

여자니 재가니 하는 상을 떨치신 대장부

내가 팔타원八陀圓 황정신행黃淨信行(본명 온순) 종사를 처음 뵌 것은 원기48년(1963) 입교하던 무렵 서울교당에서였다. 환갑 무렵, 한복으로 곱게 차려 입고 종종 법회에 나오셨는데 나 같은 애송이한테야 눈길 한번 주실 일이 없었고 나 역시 앞에 나서 인사 여쭐 숫기도 없었다. 기독교에서 개종하게 된 사연이랑 대종사님과의 일화 등이 회자되었고, 교단 최초로 당시로선 유일한 대호법, 화제의 영화 〈전송가戰頌歌〉의 실제 여주인공, 이승만 대통령도 각별히 챙긴 사회사업가 등등 훌륭한 어른이라는 말씀이야 교무님으로부터 많이 들었다. 그런데 이상하게도 내가 서울교당을 떠난 후로 다시는 가까이 뵐 기회가 없었다.

그 후 거의 이십 년이나 지나 만나 뵌 것이 송추 한국보육원에서였던가 싶다. 다니던 도봉교당에서 봉사 겸 봄나들이를 진달래 동산 한국보육원으로 갔던 길인데 마침 팔타원 님이 보육원에 들르신 시간과 타이밍이 맞아떨어진 것이다. 무슨 건축공사를 진행하고 있던 때였는데 인부 두엇이 일을 하고 있는 곳을 들여다보시던 팔타원 님은 공사 진척이 더디다고 인부들을 나무라셨다. 그중 늙수그레한 남자가 무엇이라 변명을 하며 추가적 배려를 요구하였는데 팔타원 님은 약속을 안 지키고 부당한 요구를 한다며 단호하게 꾸짖으셨다. 나는 의외다 싶었다. 법이 높은 어른이시면 자비심이 많다고 들었는데, 기왕이면 수고 많다고 좀 따뜻한 격려를 한 자리 깔고 나서 덕 있게 설득하면 될 것을, 뭐 그리 매몰차게 나무라시나 싶었다. 비굴하게 굽실거리며 변명하던 늙은 인부의 깡마르고 주름진 얼굴이 오래 뇌리에 남아 내 마음을 언짢게 했다.

내가 대종사님의 생애를 소설로 엮은 전기소설《소태산 박중빈》을 낸 것은 팔타원 님이 열반하시기 불과 2개월여 전인 2004년 4월이었다. 직장생활을 하며 틈틈이 자료 수집을 하고 답사를 하고 마지막으로 집필 과정을 거쳐 출판에 이르기까지 보낸 세월은 꽤나 길었다. 그 과정에서 팔타원 황정신행, 인간 황온순에 관한 자료 수집도 적지 않았다. 두세 차례 인터뷰도 가졌다.

팔타원은 조선과 중국과 영국에서 수학하고, 미국 등 구미 각국을 시찰하며 경륜을 쌓은 엘리트 신여성이었다. 그 어렵던 식민지시대에도 순천상회와 동대문부인병원을 운영하고 부동산 투자를 하는 등, 통이 큰 여성 실업인이기도 했다. 해방 혼란기와 한국 전쟁을 배경으로 생겨난 전쟁고아들을 보살피며 보화원과 한국 보육원으로 고아보육의 새 역사를 써온 걸출한 사회사업가이기도 하였다. 남들이라면 하던 일도 접을 71세에 학교법인을 설립하고 휘경여중고를 개교한 교육사업가이기도 했다. 이승만, 김구, 김활란, 이광수 같은 당대의 각계 거물들과 가까이 지낸 여류 명사이기도 했다. 남들이 몰라보는 대종사의 인물을 알아보고 원불교를 위해서라면 막대한 재산을 쾌척할 이만큼 씀씀이가 큰 자산가이기도 했다.

이런 어른이라면 대인 관계가 남다를 수밖에 없다. 버릇없고 비뚤어진 자녀를 대책 없이 용서나 하고 눈물로 하소연하는 방식은 한 가정의 어머니에게나 기대할 일이지, 팔타원 같은 분에게 그런 온정주의는 결코 통하지 않을 것이다. 나는 송추 보육원에서 있던 일을 알만했다. 인부를 많이 부려본 사람이라면 기술자 근성이라는 것을 안다. 그들의 부당한 요구나 고의적 태업에는 당근이 아니라 채찍이 필요하다는 것을. 팔타원이 가족이나 직원에게 어느 때는 지나칠 이만큼 냉정하고 단호했다는 것을 알 만한 사람은 다 안다. 그런 결단력이 없고 온정에 끌려 우유부단하게 취사를 했더라면 그런 큰일들을 어떻게 성공적으로 해냈을 것인가.

그게 언제든가? 서울회관에서 교구 행사를 하는데 팔타원 님 법설을 받들게 되었다. 그런데 이 어른이 단단히 노여우셨던가 싶다. 단상 설치부터 시작하여 행사 준비가 부실하다고 꾸짖기 시작하는데 하시라는 법문은 아니 하고 10분이고 20분이고 꾸중만 하신다. 담당자들이 죄송스러워하는 것은 그렇다 치고라도 서울 교구의 내로라하는 출가 교무들이 총집합을 한 자리인데 끝없이 호통을 치신다. 참다못했던지 시타원 심익순 교무님이 앞에 나서서 합장 공경하면서, 저희가 잘못했으니 이제 그만 용서하시고 노여움을 거두시라고 누누이 말씀을 여쭙지만 어림없다.

불전佛典에 이런 일화가 전한다. 석가불 당시에 천민 출신 사나이가 있었다. 감동적인 과정을 거쳐 그는 출가하여 비구가 되었다. 임금은 천민을 비구승단에 받아들인 것을 못마땅하게 여겨 부처님께 항의를 하였지만, 소용없었다. 설사 임금이라도 신도는 비구승에게 경배하도록 규정된 출가 위주의 계율에 따라 그는 별수 없이 그 천민 출신 비구에게 절을 했다는 것이다. 그렇다. 불교라면 사부대중을 앉혀놓고 감히 재가가 그것도 여자가 강단에 선다는 것부터 불가능한 일이지만, 감히 비구 등 출가승단을 향해 호통을 치다니 상상할 수 없는 일이다. 가톨릭이라 해도 마찬가지다. 신부를 제쳐놓고 수녀조차 안 되는데 하물며 신자가, 그것도 여자 신자가 강단에 선다는 것이 가능한가? 더구나 사제들을 놓고 호된 질책을 하다니 꿈같은 얘기다.

나는 재가 팔타원이 출가 교무들을 앉혀놓고 이렇게 장시간 훈계하고 호통 칠 수 있는 이 풍토야말로 우리 교법이 후천 개벽시대의 종교임을 확신시키는 것으로 보았다. 나는 그 장면이 감격스러워 오래도록 잊지 못하고 있다. 그 행사의 이름도 연도도 잊었지만 그 감동적인 장면은 언제까지나 잊지 못할 것이다. 출가 재가를 가리지 않고 법위와 공덕이 위상을 결정하는 이 법이야말로 대법이 아니겠는가. 이것이 선천과 후천의 차이요 영산회상과 용화회상의 차이이기도 하다.

팔타원 님을 생각하면, 그분은 여자지만 자모는 물론 엄부까지 뛰어넘고, 재가지만 출가까지 압도하는 큰 인물이었음을 잊지 못한다.

克服男女相(극복남녀상)
남자니 여자니 하는 상을 극복하여
世間成大業(세간성대업)
세간에선 큰 사업을 이루시고
超越出在境(초월출재경)
출가니 재가니 하는 경계를 초월하여
會上立大功(회상입대공)
회상에선 큰 공훈을 세우시도다

팔타원 **황정신행**

팔타원 님은 1900년에 황해도 연안에서 황원준 님과 송귀중화 님의 3남매 중 장녀로 태어났다. 개화의식이 강한 부모님 덕분에 신교육을 받아 이화학당, 경성여고보 등을 다니다가 만주 길림성여자사범학교를 나오고 다시 이화여전 보육과를 졸업했다. 장안갑부 강익하와 결혼한 후, 포목점 순천상회를 직접 경영하기도 하며 유족한 생활을 하였다. 그러다가 생의 회의에 빠져 어린 아들과 금강산을 찾으며 방황하던 차 개성교당 이천륜 교도를 만나 불법연구회(원불교)를 소개받고 대종사 친견의 기회도 갖게 되면서 법열에 찬 삶을 시작하였다. 본래 기독교도였지만 대종사를 뵈온 후 신성을 바치고 무상보시를 실행하여 회상 최초의 대호법이 되도록 큰 업적을 쌓았다. 해방과 더불어 교단 보육원인 보화원에서 고아를 키우기 시작하여 한국전쟁 와중에 한국보육원 원장으로서 수많은 전쟁고아를 키워내며 이후 대표적 사회사업가로 존경을 받았으나 전쟁 중에 외아들을 잃는 아픔을 겪기도 했다. 1970년에 학교법인 휘경학원을 설립하며 보육사업과 더불어 육영사업의 새 장을 열었다. 2004년 105세로 열반, 거인으로서의 삶을 마감했다. 법랍이 68년, 법위는 출가위다.